Schleswig-Holstein
Ostseeküste
Ausflüge in die Natur

Hans-Dieter Reinke / Daniel Hugenbusch

SCHLESWIG-HOLSTEIN OSTSEEKÜSTE AUSFLÜGE IN DIE NATUR

Ostseeküste und Binnenland

Ellert & Richter Verlag

sh:z das medienhaus

Inhalt

Binnenland

Anhang

Draußen ist das wahre Drinnen

Wer Schleswig-Holsteiner ist oder wird, muss sich festlegen: Nordsee- oder Ostseetyp? Nördlich oder südlich des Kanals? Schleswiger oder Holsteiner? Verkappter Däne oder verkappter Hamburger? Natürlich sind solche konfessionellen Fragen eigentlich töricht, denn die Schönheit des Landes erlaubt eine gelassene Ökumene zwischen West und Ost und Nord und Süd. Schleswig-Holstein benötigt keine Typenkunde. Aber eine Tendenz trägt doch jeder in sich, wenn er ehrlich ist. Friesen sind halt keine Holsteiner.

Dazu sollte man das Land aber auch wirklich kennen. Das geht nur durch Ausflüge in die Natur. Wenn in diesem Buch solche Ausflüge beschrieben werden und die Leserinnen und Leser nur die Hälfte davon tatsächlich unternehmen, kennen sie die Vielfalt der Ostseeküste wie selbst viele Ur-Schleswig-Holsteiner nicht. Und auch wer Ur-Schleswig-Holsteiner ist und schon viel herumgekommen ist, wird Neuigkeiten erfahren, die ihn verblüffen.

Die Ostsee bietet vom nördlichsten Punkt auf der Halbinsel Holnis bis zur Lauenburgischen Seenplatte eine solche Vielfalt an Landschaften, sogar Bergen, Küstenprofilen, Gewässerarten und Kulturgütern, dass es nie langweilig wird. Eine Auffrischung für den Erfahrenen, eine Überraschung für den Zugezogenen – und nicht zuletzt ein guter Reise- und Erlebnisführer für die vielen Menschen, die an der Ostsee ihren Urlaub verbringen. Die steigenden Tourismuszahlen, die hohe Kundenzufriedenheit wie auch die Zufriedenheit der hiesigen Bevölkerung belegen eindeutig: Hier lässt es sich leben. Und wer woanders lebt, kommt gerne wieder. Zum Beispiel, um die Ostsee zu erkunden.

Stefan Hans Kläsener
Chefredakteur sh:z

Einführung

Wer in das nördlichste deutsche Bundesland reist, hat meistens eine der beiden Küstenlinien zum Ziel. Neben der rauen und oft stürmischen Nordsee zeigt sich die Ostseeküste häufig von einer friedlicheren Seite. Die vor allem im Laufe der letzten Eiszeit geformte Landschaft ist auf kleinstem Raum erstaunlich vielgestaltig.

Die abwechslungsreiche Pflanzen- und Tierwelt findet in den Küstenlebensräumen und im seenreichen Binnenland geeignete Lebensbedingungen. Wichtige Lebensräume und Gebiete stehen unter Naturschutz. Allerdings soll der Mensch nicht ausgeschlossen werden, sondern in einem gewissen Rahmen die Möglichkeit bekommen, die Schutzgebiete mit ihrer Flora und Fauna zu erleben. So lässt sich das Bewusstsein und die Akzeptanz für Natur- und Umweltschutz am ehesten entwickeln und stärken.

Die Strände, Dünen, Wälder, Heiden und weitläufigen Knick- und Seenlandschaften Schleswig-Holsteins erkundet man am besten auf Schusters Rappen oder mit dem Fahrrad. Bei den einzelnen Ausflugszielen sind geeignete Rad- und Wandertouren skizziert. Diese Hinweise auf kleine Rundwanderungen, Abstecher, Tagestouren oder mehrtägige Fernradwege ermöglichen es dem Besucher, seinen Ausflug je nach Zeitbudget zu gestalten.

Begleitend zur Erkundung der Gebiete auf eigene Faust stehen Informationszentren, Museen und Ausstellungen unterschiedlichen Umfangs und verschiedener Schwerpunkte bereit, um weiterführende und detaillierte Erläuterungen zu vermitteln.

Vor oder nach den Besichtigungen und Touren rundet man den informativen und eindrucksvollen Tag in der schleswig-holsteinischen Natur gern durch einen Besuch in einem Restaurant oder Café ab. Für fast jeden Ausflug sind in diesem Buch Vorschläge für Einkehrmöglichkeiten präsentiert.

Egal, ob man Kiebitze und Rotschenkel in den Windwatten der Schleimündung beobachtet, Salzpflanzen an den Stränden Fehmarns betrachtet, die Meeresbewohner hautnah in den Becken der Ostsee Erlebniswelt Heiligenhafen erlebt, in die Segeberger Kalkberghöhle hinabsteigt, um nach Fledermäusen Ausschau zu halten, oder einfach nur die Ruhe im Naturpark Westensee genießt: Die schleswig-holsteinische Ostseeküste und das angrenzende Binnenland sind die ideale Gegend, um „die Eingebungen des stillen Naturgeistes durch den Einfluss seiner mannigfaltigen äußeren Lieblichkeiten zu vernehmen", wie es dereinst Novalis, der Dichter der Romantik, formulierte.

Hans-Dieter Reinke
Daniel Hugenbusch

OSTSEEKÜSTE

Flensburg – Naturwissenschaftliches Museum und Stiftungsland Schäferhaus

Flensburg, die gemütliche, hübsch an einer Ostseeförde gelegene Stadt im Norden Schleswig-Holsteins, wartet mit einer ganzen Reihe interessanter Museen und Ausstellungen auf. Für naturkundlich Interessierte ist das Naturwissenschaftliche Museum auf dem Museumsberg von besonderem Reiz. Verschiedene längere oder kürzere Abstecher und Touren sind von Flensburg aus möglich. Das nahe gelegene Naturschutzgebiet (NSG) „Stiftungsland Schäferhaus“, ein ehemaliges Militärgelände, das jetzt im Besitz der Stiftung Naturschutz Schleswig-Holstein ist, entwickelt sich heute nach den Vorstellungen der Naturschützer zu einer kleinen Wildnis, die man auf unterschiedlichen Wegen durchwandern kann.

Naturwissenschaftliches Museum mit Eiszeit-Haus

Eindrucksvoll thront das Heinrich-Sauermann-Haus über der Stadt auf dem Museumsberg. Nach dem Aufstieg über einige Treppenstufen aus der Flensburger Innenstadt erwartet uns im Erdgeschoss des 1901 als Kunstgewerbemuseum unter dem Direktor Heinrich Sauermann erbauten Gebäudes seit 2001 auch eine kleine, aber feine Ausstellung zur Natur in Schleswig-Holstein.
Die einzelnen Räume des Naturwissenschaftlichen Museums geben Einblicke in unterschiedliche Lebensräume des Landes. Da ist zum Beispiel die Ostseeförde, wo uns der Schweinswal, die Mesofauna des Sandlückensystems und Funde aus dem Spülsaum, wie Brotkrumenschwamm, Posthornwürmchen, Muscheln, Schnecken und Sepiaschulp (das Skelett eines Tintenfischs), gezeigt werden. Ostseefische lernen wir ebenso kennen wie die Küstenvogelwelt mit den Möwen, Seeschwalben, Wat- und Wasservögeln.
Im Hochmoor treffen wir auf Krähenbeere, Glockenheide, Besenheide, Torfmoose und Weißes Schnabelried sowie auf Moorfrosch, Sumpfohreule, Kreuzotter und Bruchwasserläufer.
In der Feldmark mit den für Schleswig-Holstein typischen Knicks als Lebensraum finden wir nicht nur Hase, Fuchs und Kaninchen, sondern auch die Kleinsäuger wie Gelbhals-, Feld-, Rötel-, Erd- und Schermaus.
Für den Wald werden neben den Pilzen die Tiere des Bodens, die Großsäuger und die Vögel ebenso vorgestellt wie die Insekten und Kleintiere. Einige von diesen werden hier wie auch in anderen Abteilungen in eindrucksvollen Großmodellen gezeigt, bei denen man sozusagen jede Borste

Weithin sichtbar und von der Innenstadt schnell erreichbar: die naturkundliche Ausstellung im Heinrich-Sauermann-Haus auf dem Museumsberg

erkennen kann. Beim Wald wird das gar nicht so beliebte Spinnentier, eine Milbe, auch als Holzbock oder Zecke bekannt, vorgestellt. Jedes Detail des Saugapparats und der Beine des hier bereits voll gesogenen Tieres ist erkennbar.
Die Lebewelt der Binnengewässer wird ebenso dargestellt wie diejenige in der Stadt und in Gebäuden. Zur Fauna der Städte und Gebäude gehören das Braune Langohr und die Wasserfledermaus, Stadttauben, Haussperling, Star, Mauersegler und Saatkrähe. Aber auch Kellerassel, Silberfischchen und Stubenfliege sind Hausbewohner, die jeder kennt, ebenso wie Hausmaus, Wander- und Hausratte. Letztere galt eigentlich als in Schleswig-Holstein ausgestorben, doch erst kürzlich wurden wieder einige Tiere im Land entdeckt.
Die übrigen Ausstellungen in diesem Haus und im benachbarten Hans-Christiansen-Haus, wo es auch ein kleines Museumscafé gibt, beschäftigen sich mit der Kunst- und Kulturgeschichte des Landesteils Schleswig.
Das Eiszeit-Haus in der Mühlenstraße gehört zum Naturwissenschaftlichen Museum und beherbergt vor allem die bedeutende geologisch-paläontologische Sammlung des Flensburger Lehrers Hans Philippsen (1866–1926). Besucher finden Informationen zur Entstehung Schleswig-Holsteins sowie eine große Auswahl an Fossilien und kristallinen Geschieben mit vielen „Steinen zum

Anfassen". Verschiedene geologisch interessante Orte Schleswig-Holsteins (Geotope und Naturdenkmäler) sowie paläontologische, geologische und archäologische Themen werden dargestellt.
Das denkmalgeschützte, 1820 erbaute Haus diente früher als Wirtschaftsgebäude für die Unterbringung von Pferden. Das einen halben Kilometer vom Museumsberg entfernte Eiszeit-Haus liegt im 4,2 Hektar großen Christiansenpark, ein bedeutendes Gartenkunstwerk im hohen Norden, durch das man nach dem Museumsbesuch auch einen kleinen Gang unternehmen kann.

Im Eiszeit-Haus geht es um die Entstehungsgeschichte Schleswig-Holsteins.

Info
Naturwissenschaftliches Museum Flensburg, Museumsberg 1, 24937 Flensburg, T. 0461 852504, naturwissenschaftliches-museum @flensburg.de, www.flensburg.de/ naturwissenschaftlichesmuseum.de

Eiszeit-Haus, Mühlenstraße 7, 24937 Flensburg, T. 0461 852577, www.flensburg.de/Kultur-Bildung/ Kultureinrichtungen/Eiszeit-Haus

Anreise
Flensburg ist per Bahn gut erreichbar. Vom Bahnhof kann man per Rad oder per Bus zum Museumsberg gelangen; der Fußmarsch dauert etwa 20 Minuten. Mit dem Pkw fahrt man von der A 7 Abfahrt Flensburg Richtung Zentrum; über Marien- und Mühlenstraße kommt man zur Reepschlägerbahn, wo sich museumsnahe Parkplätze befinden. Am Stiftungsland Schäferhaus im Westen der Stadt Flensburg gibt es mehrere Parkplätze am Rande des Gebiets, zum Beispiel am Industriegebiet „Am Oxer" (Schäferweg) oder im Südteil am Übergang des Flugplatzwegs in die Straße Unterlangberg.

Schutzgebiet
Das Stiftungsland Schäferhaus mit seinen halboffenen Weidelandschaften liegt an der B199 teilweise auch auf Flächen der Gemeinden Harrislee und Handewitt. Das gesamte von 1933 bis 1998 militärisch genutzte Gebiet konnte 1999 von der Stiftung Naturschutz Schleswig-Holstein erworben werden. Das Areal wurde dann an den Verein Bunde Wischen verpachtet, dem die dort weidenden Koniks und Galloways gehören und der auch Träger des Naturerlebnisraums im nördlichen Teil ist. Die beiden Teilgebiete des Schäferhauses lie-

gen etwa zwei Kilometer auseinander und sind durch die B 199 getrennt. Die Wilden Weiden im nördlichen Teil umfassen etwa 300 Hektar, der Südteil ist 120 Hektar groß; beide sind durch eine Straße verbunden, die als Fußgänger- und Radfahrertunnel unter der Bundesstraße hindurchführt. Im südlichen Teil gibt es besondere Pflanzenbestände, unter anderem mit Wundklee, Thymian, Klappertopf und der seltenen Echten Mondraute, einem Farngewächs. Dies führte unter anderem zur Ausweisung des südlichen Teiles als NATURA-2000-Gebiet. Der in Schleswig-Holstein ausgestorbene Goldene Scheckenfalter soll in einem von der EU geförderten Life-Projekt (Aurinia) der Stiftung Naturschutz im Land wieder heimisch werden. Teile des Stiftungslands Schäferhaus sind als eines der Projektgebiete vorgesehen, da eine der wichtigsten Futterpflanzen für die Raupen dieses Falters, der Teufelsabbiss, hier vorkommt. Da bislang keine intensive landwirtschaftliche Nutzung im Stiftungsland stattgefunden hat, haben wir hier den seltenen Fall eines relativ nährstoffarmen Untergrunds, wie er im ganzen Land nur noch sehr selten anzutreffen ist. Neophythen, also pflanzliche Neubürger, die in manchen Lebensräumen als problematisch betrachtet werden, da sie heimische Arten verdrängen können, sind zum Teil während der Militärzeit ins Gebiet eingebracht worden und haben sich ausgebreitet. Durch die Beweidung bekommt man aber die unerwünschte Ausbreitung von Kartoffelrose, Grauerle und Später Traubenkirsche ganz gut in den Griff.

Nach getaner landschaftsgestaltender Weidetätigkeit ruhen sich die Koniks im Naturschutzgebiet „Stiftungsland Schäferhaus" am Rande eines Wasserlaufs etwas aus.

Tourmöglichkeiten

Stiftungsland Schäferhaus

Einen Besuch des Stiftungslands Schäferhaus sollte man unbedingt einplanen. Man kann eine Wanderung oder Radtour durch die savannenähnlichen Weidelandschaften des Gebiets unternehmen, eine Landschaft, wie sie bis zum Ende des 18. Jahrhunderts in größeren Teilen Schleswig-Holsteins typisch gewesen sein dürfte. Genießen Sie die halbwilde Landschaft mit den einzelnen Weidetieren, bewundern Sie den Blütenreichtum von Wundklee, Skabiose, Wildem Thymian und Weißdorn und lauschen Sie Braunkehlchen, Feldlerche und Neuntöter. Erschrecken Sie nicht, wenn Sie im Unterholz plötzlich die lebensgroße Silhouette eines Waldelefanten sehen. Dies ist eine der Stationen des Naturerlebnispfads im Nordteil, mit einer Größe von 297 Hektar sogar der größte des Landes. Der Waldelefant

Die lilablühende Skabiose ist im Naturschutzgebiet „Stiftungsland Schäferhaus“ heimisch.

war vor der letzten Eiszeit ein Bewohner Schleswig-Holsteins und gehörte, wie heute Pferde, Rinder und Schafe, zu den Landschaftsgestaltern.
Weitere Stationen des Naturerlebnisraums beziehen sich auf die Bedeutung der halboffenen Weidelandschaften, auf die Tierwelt und auf die Archäologie und Geschichte des Gebiets, durch das früher sowohl der bronzezeitliche Diebsweg als auch der historische Ochsenweg führten.
Wer sich vom Gebiet nicht loszureißen vermag, kann auch die Nacht noch an dem ausgewiesenen Areal an den beiden überdimensionierten Ochsenhörnern als Symbole des Ochsenwegs hier im Stiftungsland Schäferhaus verbringen. In verschiedenen Wildnis- und Schutzgebieten wurden Übernachtungsplätze in Schleswig-Holstein geschaffen, an denen Wanderer und Radfahrer eine Nacht mit dem Zelt in der Wildnis übernachten dürfen, wobei natürlich einige Regeln zu beachten sind, wie nur eine Nacht zu bleiben, kein offenes Feuer zu machen und Ähnliches (www.wildes-sh.de).

Radtouren

Radfahrer können von Flensburg aus zu ebenso interessanten wie weitläufigen Touren starten. Die „Grenzroute“ ist mit 130 Kilometer einer der Fernradwege Schleswig-Holsteins und führt beiderseits der deutsch-dänischen Grenze von Flensburg bis zur Westküste, von wo man dann so-

Bei einer Umwanderung der Halbinsel Holnis hat man vielfach einen schönen Blick auf die hügelige Landschaft, die Ostsee und das gegenüberliegende dänische Ufer der Flensburger Förde.

gleich auf den nächsten Fernradweg, den „Nordseeküsten-Radweg", einbiegen kann, auf dem man die gesamte Wattenmeerküste des Landes hinabradeln kann. Auch auf den „Ostseeküsten-Radweg" kann man sich von Flensburg aus begeben (ca. 430 Kilometer auf schleswig-holsteinischem Gebiet bis zur Grenze nach Mecklenburg-Vorpommern). Dabei sollte man auch der Halbinsel Holnis einen Abstecher gönnen, die als Naturschutzgebiet etwas östlich von Glücksburg an der Flensburger Förde liegt und durch eine hübsche kleinräumige Landschaft aus Wiesen, Knicks, Salzwiesen, Nooren, Flachwasserzonen und prächtigen Steilufern beeindruckt.

Einkehrmöglichkeiten

Wenn man vom Museumsberg in die Innenstadt hinabsteigt, gibt es eine Vielzahl von Einkehrmöglichkeiten, viele davon in den bekannten Flensburger Hinterhöfen, wie zum Beispiel das Restaurant und Café „Roter Hof" (Rote Straße 14, 24937 Flensburg, T. 0461 5052370, www.roterhof.de). Neben einer umfänglichen Frische- und Regionalküche gelten Hamburger, Backfisch und Currywurst als Markenzeichen, allerdings in neuen, ungewöhnlichen Kreationen; so gibt es beispielsweise auch eine vegetarische Currywurst.

Geltinger Birk – Wilde Weiden und Naturlandschaft am Gestade der Ostsee

Die Geltinger Birk ragt als kleine Halbinsel am Ausgang der Flensburger Förde, an der nordöstlichen Landspitze Angelns, in die Ostsee hinein und bietet durch Beweidung, Anlage von Kleingewässern, Salzwassereinstrom und weitere Naturschutzmaßnahmen ein buntes Mosaik an naturnahen Lebensräumen. Sie eröffnet dem Besucher ein Stück Wildnis und landschaftliche Vielfalt, wie man es nur noch an wenigen Orten des Landes erleben kann. Viele Wander- und Radfahrrouten ermöglichen es, das Naturschutzgebiet an der Ostsee auf unterschiedlichen Pfaden zu entdecken. „Birk“ ist eine alte dänische Bezeichnung für einen Gerichtsbezirk.

Das Feuer des im Jahr 1910 in Betrieb genommenen, denkmalgeschützten Leuchtturms Falshöft wurde 2002 gelöscht – das Schicksal vieler Leuchtfeuer an den Küsten.

Ausstellung in der Integrierten Station Geltinger Birk in Falshöft

Im ehemaligen Lotsenhaus Falshöft befindet sich eine kleine Info-Ausstellung der Integrierten Station mit ausführlichen Informationen über die Naturschutzmaßnahmen im Gebiet, vor allem über die kontrollierte Vernässung der Geltinger Birk. Auch Meeressäuger sind ein Thema der Ausstellung, denn bisweilen kann man Schweinswale am Ostseeufer der Geltinger Birk sichten. Einen Film über die Koniks, die große Teile der Geltinger Birk beweiden, kann man sich ansehen und Infomaterial, Bestimmungshilfen und Kartenmaterial sowie Fleischprodukte von den auf den Wilden Weiden der Geltinger Birk lebenden Weidetieren erwerben.

Der Wanderweg durch die Geltinger Birk führt an dem Wahrzeichen des Gebiets, der Erdholländermühle „Charlotte“, vorbei.

Info

Integrierte Station Geltinger Birk, Falshöft 11, 24395 Nieby, T. 04643 186091, info@geltinger-birk.de, www.geltinger-birk.de (Förderverein Integrierte Station Geltinger Birk)

NABU-Naturinfo Naturschutzwart (Sommerhalbjahr): T. 04643 189474, Geltinger-Birk@NABU-SH.de, www.NABU-Ostangeln.de

Anreise

Die Geltinger Birk ist mit öffentlichen Verkehrsmitteln nicht gut erreichbar. Flensburg und Schleswig sind die nächsten Bahnhöfe. Mit dem Auto gelangt man über die B 199 nach Gelting, biegt im Ort Richtung Pommerby ab und folgt dem Wegweiser „Birk“. Ein Parkplatz befindet sich hier nahe der Mühle „Charlotte“ und einige weitere an der Südgrenze des Schutzgebiets, unter anderem nahe der Ostseeküste bei Falshöft.

Schutzgebiet

Eine vergleichbare Vielfalt an interessanten Lebensräumen auf engem Raum wie im Naturschutzgebiet (NSG) „Geltinger Birk“ wird man nicht so leicht ein zweites Mal finden: Feuchtgrünländer, die an Buchenwälder grenzen und von Niedermooren, Brachflächen, Heiden und Trockenrasen sowie feuchten Senken

Der Meerkohl ist eine eindrucksvolle Charakterart unserer Ostseestrände.

und Kleingewässern durchzogen sind. Hinzu kommen die Strandwälle, Salzwiesen und Strände der Ostsee. Diese Lebensraumvielfalt bedingt eine ebensolche Vielfalt an Tier- und Pflanzenarten. So finden wir neun Amphibienarten, von denen einige wie Kreuzkröte, Rotbauchunke und Laubfrosch erst infolge der durchgeführten Naturschutzmaßnahmen wieder im Gebiet heimisch geworden sind.
Die Zahl von einst 12 bis 15 Kleingewässern ist inzwischen durch Schließen von Gräben und Drainagen sowie andere Maßnahmen auf über 250 erhöht worden. Davon profitieren auch Organismengruppen wie Libellen, Wasservögel, Wasserkäfer und andere Insekten. Natternzunge, Eibisch, Salomonsiegel, Löffelkraut, Stranddistel, Meerkohl, Wilde Tulpe, Waldhyazinthe sind einige der im Gebiet vorkommenden Pflanzenarten. Der Nordteil der Geltinger Birk wurde bereits 1934 als Naturschutzgebiet ausgewiesen. Das heute 773 Hektar große Areal gehört zum NATURA-2000-Gebiet „Küstenbereiche Flensburger Förde von Flensburg bis Geltinger Birk".
Hat man in früheren Zeiten beständig versucht, dem Meer durch Eindeichungen Flächen abzuringen und diese zu entwässern, so geht es heute aus Gründen des Naturschutzes oft in die umgekehrte Richtung, um der Natur und damit den Tieren und Pflanzen verloren gegangenen Lebensraum zurückzugeben. Dadurch erhalten auch die Menschen die Möglichkeit, in einem abwechslungsreichen und landschaftlich attraktiven Gebiet die Natur und die Tier- und Pflanzenwelt auf neue, erholsame und

Viele heimische Amphibienarten sind in der Geltinger Birk anzutreffen – wie hier der Laubfrosch.

Konik-Nachwuchs auf der Hausweide der Herde, die die Flächen der Geltinger Birk beweidet. Die noch sehr jungen Fohlen verbringen die meiste Zeit des Tages mit Schlafen.

interessante Art zu erleben. Die Flächen der Geltinger Birk befinden sich zu großen Teilen im Besitz der Stiftung Naturschutz Schleswig-Holstein, sodass Naturschutzmaßnahmen wie Wiedervernässungen, Einstrom von Ostseewasser und extensive Beweidung leichter zu realisieren sind, wenngleich natürlich immer Absprachen und zum Teil Kompromisse mit anderen Interessengruppen gefunden werden müssen.

In der Geltinger Birk wird das Konzept der halboffenen Weidelandschaften umgesetzt. Durch die zum Teil ganzjährige Beweidung mit Koniks, Highlandrindern, Galloways, Schafen und anderen werden die Flächen offen gehalten. Eine zu starke Verbuschung oder Bewaldung wird verhindert, und zudem entsteht ein interessantes kleinräumiges Mosaik unterschiedlicher Habitate auf engem Raum.

Das vom Naturschutzbund (NABU) betreute Schutzgebiet ist für die Vogelwelt ein sehr attraktives Gebiet, was sich allein an der stattlichen Zahl von 95 Brutvogelarten (2013) zeigt, darunter so seltene und gefährdete Spezies wie Kranich, Schwarzkehlchen, Zwergseeschwalbe, Rotschenkel und Neuntöter. Auch eine größere Kolonie brütender Kormorane hat sich in der Geltinger Birk angesiedelt. Während der Zugzeit passieren viele Zugvögel (circa 150 Arten) das Gebiet und rasten teilweise hier.

Mit der Ostsee zur Linken und den Weidelandschaften der Geltinger Birk zur Rechten kann man die gesamte Halbinsel des Schutzgebiets umwandern.

Tourmöglichkeiten

„Möwen-Tour"

Im NSG „Geltinger Birk" gibt es mittlerweile fünf ausgearbeitetete und markierte Wanderwege. Da sind neben der „Eulen-Tour" (3 Kilometer), der „Kröten-Tour" (4,3 Kilometer) und der „Konik-Tour" (6,2 Kilometer), die mit den jeweiligen Symbolen gekennzeichnet sind, noch die „Hochlandrind-Tour" (10,4 Kilometer) und die „Möwen-Tour" (13,3 Kilometer). Wir wählen uns die „Möwen-Tour", weil sie einmal um das ganze Gebiet und sehr schön an dem gesamten Küstenverlauf entlang führt.

Ein guter Startpunkt ist der Parkplatz an der Mühle „Charlotte", wo wir uns am Kiosk vor oder nach der Runde stärken können. Es ist eigentlich eine Wandertour, aber das meiste kann auch per Fahrrad absolviert werden; ansonsten muss man mal ein wenig schieben, wenn Hecktore kommen, die Weidetiere zurückhalten sollen, oder kleine Matschsenken und sandige Abschnitte die Radfahrt zu mühsam gestalten.

Wir passieren zunächst das Wahrzeichen der Geltinger Birk, die 1794 erbaute Erdholländermühle „Charlotte", die früher neben dem Kornmahlen vor allem zur Entwässerung der Birk im Einsatz war und heute privat genutzt wird. Falls Sie einen Kormoran vorbeifliegen sehen, ist es

nicht verwunderlich, da die größte Kolonie dieser eindrucksvollen Tauchvögel an der Ostsee in der Geltinger Birk liegt. Waren es im Jahr 2009 zunächst acht Horste, so ist der Bestand inzwischen auf deutlich über 300 Paare angewachsen. Auch Gänsesäger, Mittelsäger, Singschwan, Rohrweihe und andere können, je nach Jahreszeit, unseren Weg vorbeifliegend kreuzen. Graugänse sind beständig streitend zu vernehmen, Kiebitze rufen und zeigen ihren charakteristischen Flatterflug. Vielleicht können wir sogar einen Seeadler bei seiner Jagd auf Blässhühner und junge Kormorane beobachten.
Unser Weg geht weiter durch kleine Gespensterwäldchen, in denen die Eichen, Kiefern und Buchen durch den Wind- und Salzeinfluss bizarr gewachsen sind und uns besonders

An der Vogelwärterhütte des NABU in der Geltinger Birk bekommt der Besucher Informationen über das Schutzgebiet und ihre Flora und Fauna.

Auf dem Weg durch die Geltinger Birk geht es durch kleine Gespensterwäldchen, in denen die Bäume durch den Wind- und Salzeinfluss bizarr gewachsen sind.

bei Nebel, Dämmerlicht oder Dunkelheit gespensterhafte Gestalten vortäuschen können.
Wir erreichen die NABU-Schutzhütte, wo man sich beim Vogelwart oder der Vogelwärterin über das Gebiet und die Vogelwelt informieren kann und wo sich auch der Startpunkt für Führungen durch das Gebiet befindet. Dann genießen wir beim Spaziergang auf dem Deich die Ruhe, den frischen Wind und den weiten Blick auf die Ostsee und ihre Lebensräume zur Linken und zur Rechten den Blick auf die Wilden Weiden, auf denen die Koniks gemütlich ihrer Wege ziehen.
Bald haben wir die Spitze umrundet und wandern auf dem Ostsee-Uferweg weiter. Der Strandwall darf hier zum Schutz der Vegetation und der brütenden Seevögel nicht betreten

Eine Aussichtsplattform ermöglicht den Blick bis nach Dänemark hinüber.

werden. Die nicht heimische Kartoffelrose, die sich inzwischen in fast allen Küstenlebensräumen stark ausgebreitet hat und zu den sogenannten Neophyten gerechnet wird, versucht man hier am Strandwall zu bekämpfen, um die ursprüngliche Vegetation, wie sie vor Einbürgerung der fremdländischen Arten einmal ausgesehen hat, zu entwickeln. Die aufgelegten Geotextilien sollen die Wurzeln der Kartoffelrose zum Absterben bringen.
Vorbei an kleinen Wäldchen entlang des Weges erreichen wir einen Aussichtsturm, von dem aus man zum 6 Kilometer entfernten Kalkgrund mit dem rot-weißen Leuchtturm und zu den dänischen Inseln Ærø und Langeland hinüberblicken kann. Auch die Leuchttürme Falshöft und Schleimünde sind Richtung Süden zu sehen.
Wir passieren den 2013 eröffneten Durchlass von Ostseewasser in die Birk, wodurch dort ganz neue, interessante Lebensbedingungen für Tiere und Pflanzen geschaffen wurden. Den 24 Meter hohen Leuchtturm Falshöft im Blick, verlassen wir am Parkplatz die Ostsee und machen uns an der Integrierten Station und dem Café „Lichthof“ vorbei auf den Rückweg. Im Zickzackweg (Ausschilderung beachten) wandern wir an Knicks, Feldern, einem Kieswerk und interessanten Salzmoor-Arealen wieder zum Ausgangspunkt beim Birk-Kiosk zurück.

Das Stuben- und Gartencafé „Lichthof" bietet nicht nur eine anregende Einkehrmöglichkeit, sondern auch Ausstellungen und kulturelle Veranstaltungen.

Radtouren

Erweiterte Radtouren sind auch möglich, zum Beispiel auf dem „Ostseeküsten-Radweg", dessen Verlauf uns von der Geltinger Birk in Richtung Norden zur Halbinsel Holnis oder bis nach Flensburg führt, oder man kann in Richtung Süden zur Schleimündung mit dem gleichnamigen Naturschutzgebiet oder bis nach Maasholm oder Kappeln weiterradeln (Infos unter www.ostseekuesten-radweg.de)

Einkehrmöglichkeiten

Der Birk-Kiosk am Parkplatz „Mühle Charlotte" (An der Mühle Charlotte, 24395 Gelting, Nieby, T. 0151 53733662) bietet Kaffee und Kuchen, Waffeln und Eis sowie kleine Gerichte, beispielsweise eine Möhren-Ingwer-Orangen-Suppe oder einen Linsencurry-Eintopf mit Knoblauchbrot.

Im gemütlichen Stubencafé oder auf der Terrasse des Cafés „Lichthof" in Falshöft (Falshöft 29, 24395 Nieby, T. 04643 1354, www. lichthof-angeln.de) erwarten den Wanderer frisch zubereiteter Kaffee, köstlicher Kuchen und kleinere Gerichte.

Vogelparadies Schleimünde und Naturerlebniszentrum Maasholm

Im Gebiet Schleimünde nordöstlich von Kappeln, wo die Ostsee und einer ihrer Meeresarme, die Schlei, aneinandergrenzen, hat sich eine faszinierende Landschaft entwickelt, die vor allem für See- und Küstenvögel einen idealen Lebensraum darstellt. Zum Schutz ihrer Brut- und Rastplätze wurde ein Großteil der Wasser- und Landgebiete im nördlichen Mündungsbereich der Schlei unter Naturschutz gestellt. Der gesamte Teil der Halbinsel östlich von Maasholm und Maasholm-Bad ist für Kraftfahrzeuge gesperrt, sodass der Wanderer oder Radfahrer ohne Lärmbelästigung die Küstenlandschaft genießen kann. Nicht nur das NSG „Schleimündung“, wo sich dem Besucher eine Ostseeküstenlandschaft annähernd so präsentiert, wie sie sich ohne menschlichem Einfluss entwickeln würde, sondern auch die unweit gelegene Vogelwärterhütte und das Naturerlebniszentrum Maasholm sind einen Besuch wert. Das Naturerlebniszentrum informiert den Besucher in den Ausstellungsräumen und auf dem Außengelände über Themen wie die Tier- und Pflanzenwelt in der Region und die geologische Entstehung der Schlei. Wer genug Zeit mitgebracht hat, dem sei eine kurze Rundwanderung über die Halbinsel Oehe-Maasholm, entlang dem Ostseestrand und durch das Fischerdörfchen Maasholm empfohlen.

Naturerlebniszentrum Maasholm

Das Naturerlebniszentrum befindet sich auf dem Gelände einer ehemaligen Militärstation. Wo bis zum Jahr 1993 Raketen bereitstanden, erfährt und erlebt man heute Wichtiges über den Lebensraum Ostsee und die Schlei. Das Naturerlebniszentrum ist nur zu Fuß oder mit dem Fahrrad vom Wanderparkplatz bei dem Ort Exhöft erreichbar. Entlang des etwa 2 Kilometer langen Weges durch ein ehemaliges Torfabbaugebiet bis zum Ausstellungsgelände finden sich Infotafeln mit Wissenswertem über die geschichtliche Entwicklung der Gegend sowie häufig anzutreffende Vogelarten.
Wer schon immer mal im Detail wissen wollte, wie die Ostsee und die Landschaft Schleswig-Holsteins durch die letzte Eiszeit und das anschließende Abschmelzen der Gletscher geformt wurden, sollte sich die Ausstellungsräume genauer ansehen. Hier finden sich auch Infotexte, Exponate und Schaubilder zu weiteren Themen, wie Lebewesen der Schlei und der Ostsee und die geschichtliche Entwicklung der Schlei-Fischerei. Ein weiterer Raum ist den Wikin-

gern gewidmet, die um das Jahr 800 am Ende der Schlei unweit der heutigen Stadt Schleswig eine der ersten Städte Europas, Haithabu, errichteten. Von hier aus wurden Schiffe über den Landweg bis zur Treene bei Hollingstedt transportiert, sodass die lange Schifffahrt durch das Skagerrak in die Nordsee abgekürzt werden konnte, eine Aufgabe, die heute der Nord-Ostsee-Kanal einige Kilometer weiter südlich erfüllt.

Das Außengelände des Naturerlebniszentrums bietet verschiedene Themenbereiche rund um die Natur und die Landschaften in Schleswig-Holstein. Es gibt zum Beispiel eine große Streuobstwiese und einen Findlingsgarten, in dem verschiedene Gesteine ausgestellt und mit Erklärungen versehen sind. In dem phänologischen Garten stehen heimische Bäume und Sträucher, anhand deren Entwicklungsstadien Aussagen über Klima- und Wettersituationen getroffen werden können.

Darüber hinaus befinden sich auf dem Gelände ein großer Spielplatz, ein Sinnesgarten und ein Vogelbruthaus, wo man Vögel bei der Brut und der Aufzucht der Jungtiere beobachten kann. Der Eintritt ist allerdings nur im Rahmen von Führungen oder nach Absprache möglich. In den Sommermonaten bietet das Naturerlebniszentrum verschiedene Veranstaltungen an, bei denen beispielsweise unter Anleitung Bernstein geschliffen wird oder mit dem Kescher die Unterwasserwelt der Ostsee erkundet werden kann.

Der Findlingsgarten des Naturerlebniszentrums Maasholm zeigt einen Querschnitt der in Schleswig-Holstein auffindbaren Gesteinsarten.

Info
Naturerlebniszentrum Maasholm, Exhöft-Seeberg 1, 24404 Maasholm, T. 04642 921680, nez-maasholm@t-online.de, www.nez-maasholm.de

Vogelwärterhütte, Exhöft-Seeberg 1 (10 Min. Fußweg östlich des Naturerlebniszentrums), 24404 Maasholm, T. 04642 6117, Schleimuendung@jordsand.de, www.jordsand.de

Anreise
Den Ort Maasholm erreicht man mit dem Auto über die B 199, indem man einige Kilometer nördlich von Kappeln Richtung Maasholm abbiegt. Kurz vor Erreichen des Fischerdorfs passiert man den Ort Exhöft, wo man auf dem Wanderparkplatz parken kann und das Naturerlebniszentrum und das Naturschutzgebiet bequem zu Fuß oder mit dem Rad erreicht; am Parkplatz stehen einige Fahrräder bereit, die gegen eine kleine Spende genutzt werden können. Alternativ fährt von Kappeln sowie von Gelting ein Bus auf die Halbinsel (Fahrplan unter www.nah-sh.de). Sehr attraktiv dürfte auch die Möglichkeit sein, mit dem Schiff von Kappeln nach Maasholm zu fahren, hierfür gibt es verschiedene Anbieter (Infos unter www.schlei-ausflugsfahrten.de).

Schutzgebiet
Wer vom Naturerlebniszentrum Maasholm kommend weiter an der Schlei entlangwandert oder -radelt, erreicht nach wenigen Minuten die am Eingang zum NSG „Schleimündung" gelegene Vogelwärterhütte.
Die hier stationierten, überwiegend ehrenamtlichen Vogelwärter betreuen das Naturschutzgebiet, machen regelmäßige Vogelzählungen und führen Besucher durch das Gebiet, das ansonsten nicht betreten werden darf. Naturkundlich und ornithologisch interessierte Besucher sollten also auf jeden Fall ein Fernglas im Gepäck haben, wobei in der Station auch Leihferngläser zur Verfügung stehen.
Die sehr empfehlenswerte und zweimal täglich stattfindende Führung beginnt mit einer kleinen Einführung in der Hütte, wo man anhand einiger Präparate und Exponate bereits einen Überblick bekommt, welche Vögel man möglicherweise gleich in freier Wildbahn beobachten kann. Und dann geht es auch schon in das 692 Hektar große Naturschutzgebiet, wovon lediglich 127 Hektar auf Landfläche entfallen.
Seit der letzten Eiszeit unterliegt das Gebiet einem stetigen Wandel. Die Strömung in der Ostsee trägt an den weiter südlich oder nördlich gelegenen Strandabschnitten Material ab, welches anschließend im Bereich der Schleimündung abgelagert wird. Mit der Zeit bilden sich somit Nehrungshaken, die einige Hundert Meter in

Von der Ostsee aus schweift der Blick über das Naturschutzgebiet „Schleimündung" bis zur Lotseninsel mit dem Schleimünder Leuchtturm.

die Schlei hineinragen können. Zwischen diesen Landzungen findet man sogenannte Windwatten vor, die je nachdem, ob Wasser durch starke Winde aus der Schlei heraus- oder hineingedrückt wird, trockenfallen können und zu einer Art Wattlandschaft werden. Die Ostseeseite wird durch eine Strandwalllandschaft mit Dünen und Trockenrasen geprägt. Eine solch vielfältige Landschaft bietet ein großes Nahrungsangebot für brütende und rastende Vögel. Das Gebiet wird bereits seit 1922 vom Verein Jordsand betreut und erhielt 1987 den Status als Naturschutzgebiet. Im Jahr 2011 wurde auch der Bereich südlich der Schleimündung, „Nordhaken Olpenitz" genannt, dem Schutzgebiet zugeschlagen.

Bei der Führung, die einige Hundert Meter in das Naturschutzgebiet hineinführt, kommt man aus dem Staunen nicht mehr heraus. Wohin man das Fernglas auch richtet, immer wieder entdeckt man eine andere Vogelart. Hoch in der Luft singen unzählige Feldlerchen; Säbelschnäbler, Sandregenpfeifer und Rotschenkel suchen in den Windwatten nach Würmern oder kleinen Krebsen, und Austernfischer oder Kiebitze fliegen umher. Hin und wieder stattet ein Seeadler dem Naturschutzgebiet einen Besuch ab und versetzt die anwesenden Vögel in Unruhe. Da es sich bei vielen der hier brütenden Vögel um Bodenbrüter handelt, die freie Sicht benötigen, führt ein Hochwachsen von Gräsern, Büschen und Röhrichten zu einem Rückgang der Arten- und Individuenzahlen. Um dieser Entwicklung entgegenzuwirken, wird das Naturschutzgebiet seit 2007 durch eine Herde Galloway-Rinder beweidet, die durch Vertritt und Verbiss die Vegetation kurz halten.

Tourmöglichkeiten

Rundtour Halbinsel Oehe-Maasholm

Wer nach dem Besuch des Naturerlebniszentrums sowie dem Ausflug zur Vogelwärterhütte und dem Naturschutzgebiet noch etwas Zeit für eine Wanderung mitgebracht hat, der kann eine etwa 9 Kilometer lange Rundtour über die Halbinsel bis zum Ort Maasholm antreten. Dazu folgen wir ab der Vogelwärterhütte dem Ostseestrand Richtung Norden, bis wir das Gut Oehe passieren.
Kurz darauf zweigt der Wanderweg nach links ab, der nach Passieren eines kleinen Wäldchens auf eine Straße trifft, der wir nach rechts folgen. Wir durchqueren Maasholm-Bad und wandern anschließend nach links am Wormshöfter Noor vorbei. Durch den Ort Exhöft hindurch erreichen wir kurz darauf Maasholm. In dem Fischerdorf hat sich bis heute eine ganz besondere Stimmung gehalten. Im Hafen liegen stets einige Fischerboote, auch die noch junge Petrikirche sowie das in einer reetgedeckten Kate von 1805 beheimatete Rathaus sind einen Besuch wert.
Dem Küstenverlauf folgend gelangt man anschließend zurück zum Naturerlebniszentrum beziehungsweise zurück zum Parkplatz in Exhöft.

Lotseninsel

Ein besonderes Erlebnis ist der Besuch der in der Schleimündung gelegenen Lotseninsel, die man entweder mit dem eigenen Boot oder einer der angebotenen Ausflugsfahrten (z. B. www.schlei-ausflugsfahrten.de) erreichen kann. Die idyllische Insel mit dem kleinen Hafen und dem Schleimünder Leuchtturm, dem Wahrzeichen des Eilandes, wurde 2008 von der Lighthouse Foundation, Stiftung für die Meere und Ozeane, erworben und wird seither nachhaltig und umweltgerecht bewirtschaftet. Das Lotsenhaus können Gruppen für ein oder mehrere Tage mieten und inmitten der reizvollen Ostseenatur Seminare, Veranstaltungen und Tagungen durchführen.
Bei einem Besuch bekommt man nicht nur einen Eindruck von der Dynamik der Ostseeküstenlandschaft mit ihren Strandwällen, Windwatten und Stränden, sondern erlebt auch die typische Strandwallvegetation und die Seevögel in ihrem Element (auch hier Führungen durch den Verein Jordsand). Mit etwas Glück kann man vielleicht einen Schweinswal beobachten. In der „Giftbude“ gibt es regionale Spezialitäten, Bio-Produkte und fangfrischen Fisch vom Kutter im Angebot.

Die Vogelwärterhütte ist nicht nur der Startpunkt der täglichen Führungen, sondern beherbergt darüber hinaus eine kleine Ausstellung mit Exponaten zur Flora und Fauna des Naturschutzgebiets „Schleimündung".

Info

Lighthouse Foundation, Stiftung für die Meere und Ozeane, Büro Kiel, Kanalstraße 67A, 24159 Kiel, T. 0431 6684680, www.lighthouse-foundation.org; www.lotseninsel.de

Einkehrmöglichkeiten

Direkt am nördlichen Ortsrand von Maasholm befindet sich das Restaurant „Am Schleieck" (Schmiedestraße 140, 24404 Maasholm, T. 04642 6016, www.schleieck-maasholm.de). Hier kann man sich nach der Wanderung mit einer Vielzahl an Fischspezialitäten aus der Region stärken. Terrasse und Biergarten befinden sich direkt am Wasser.

Nur einige Meter die Straße Richtung Hafen hinunter befindet sich das „Café Sand am Meer" (Hauptstraße 13, 24404 Maasholm, T. 04642 969963, www.cafe-sand-am-meer.de), wo man Kuchen, Torten und Kaffeespezialitäten genießen kann.

„Giftbude" auf der Lotseninsel (T. 0176 55985135): Der Name der Restauration übrigens bezieht sich auf die Bedeutung „Gabe" als Übersetzung der althochdeutschen Bezeichnung „Gift" – das heißt, dem Gast wird etwas gegeben.

Naturpark Schlei und Wikinger Museum Haithabu

Der Naturpark Schlei ist der jüngste und nördlichste der sechs Naturparke in Schleswig-Holstein. Von der Mündung an der Ostsee zieht sich die Schlei über 43 Kilometer ins Binnenland bis nach Schleswig. Sanfte Hügel säumen diesen Meeresfjord, der auch als „kleine Tochter der Ostsee" bezeichnet wird. Möglichkeiten für Wanderungen sind vielerorts gegeben, Radfahrer können die ganze Schlei hinauf- und hinabradeln und auf unterschiedlichen Thementouren auch das Hinterland erkunden. Das Wikinger Museum Haithabu bei Schleswig ist eines der bedeutendsten archäologischen Museen in Deutschland. Es informiert über die einstige Bedeutung der Region als Handelsmetropole und zeigt zahlreiche Funde, die bei Ausgrabungen über die Jahrzehnte gemacht worden sind. Das Museum ist ein guter Ausgangspunkt für Radtouren in das Gebiet der westlichen Schlei und für eine Wanderung um das nahe gelegene Haddebyer Noor.

Wikinger Museum Haithabu

Die moderne archäologische Ausstellung im Wikinger Museum Haithabu gibt interessante Einblicke in das Leben der Wikinger vom 9. bis zum 11. Jahrhundert, als die Handelsstadt Haithabu nicht nur eine der größten Städte Europas, sondern auch eine der wichtigsten Handelsmetropolen war. Die Stadt war von einem Ringwall umgeben, den man heute in der Landschaft noch gut ausmachen kann und der sich an einen Verteidigungswall im Westen, das Danewerk, anschloss. Viele bedeutende Funde, wie Waffen, Schmuck, Kleidung, Haushaltsgegenstände, ganze Schiffe und Grabfelder, wurden zu Tage gefördert und für die Ausstellung aufbereitet. In der Schiffshalle steht das einst schnellste Schiff der Ostsee. Auch verschiedene Bild- und Tondokumente sorgen dafür, dass sich der Museumsbesucher in das Leben in einer frühmittelalterlichen Hafenstadt zurückversetzt fühlen kann. Runensteine, Grabbeilagen und die Verwendung von Geweihen zur Herstellung von Nadeln, Spindeln und Messergriffen werden ebenso dokumentiert wie die Entwicklung von Naturmotiven in der Kunst. Tierdarstellungen dominieren. Von großen, vierbeinigen Tieren, die von Pflanzenranken umgeben sind, bis zu eleganten Greiftieren als Hauptmotiv reicht das Spektrum. Ausklingen lassen kann man den Besuch bei einem gemütlichen Kaffee auf der Terrasse des Museums mit Blick über das Haddebyer Noor, das wir anschließend umwandern wollen.

Direkt am Haddebyer Noor liegt das bekannte Wikinger Museum Haithabu.

Info

Wikinger Museum Haithabu, Am Haddebyer Noor 5, 24866 Busdorf, T. 04621 813-122, service@schloss-gottorf.de, www.haithabu.de

Naturpark Schlei e. V., Arnisser Straße 12, 24407 Rabenkirchen-Faulück; Geschäftsstelle: Reeperbahn 2, 24376 Kappeln, T. 04642 18333, info@naturparkschlei.de, www.naturparkschlei.de

Anreise

Vom Bahnhof Schleswig sind es etwa 3 Kilometer per Fahrrad oder zu Fuß bis zum Wikinger Museum Haithabu; Busfahrt ist auch möglich. Bei der Anreise mit dem Pkw verlässt man die A 7 an der Abfahrt Schleswig/Jagel und hält sich in Richtung B 76 (Richtung Kiel). Das Museum liegt direkt an der B 76 nahe der Schleiförde. Parkplätze befinden sich am Museum.

Schutzgebiete

Ein Naturpark ist, wie die anderen Schutzgebiete, eine nach dem Bundesnaturschutzgesetz definierte Schutzkategorie, bei der es um großflächigen Gebietsschutz geht, allerdings sind die Landschaften auch durch vielfältige Nutzungen geprägt. Eine dauerhaft umweltgerechte Landnutzung wird angestrebt. Naturparke sind oft wegen ihrer landschaftlichen Reize als solche ausgewiesen und sollen der Erholung und einem nachhaltigen Tourismus die-

Die Ufer des Haddebyer Noors sind an vielen Stellen mit Schilf bewachsen.

nen. Insgesamt gibt es in Deutschland mehr als 100 Naturparke, die etwa 25 Prozent der Landesfläche einnehmen. Der Naturpark Schlei wurde im Jahr 2008 eingerichtet und ist etwa 50 000 Hektar groß.
Von den fünf Ostseeförden Schleswig-Holsteins (Flensburger Förde, Schlei, Eckernförder Förde, Kieler Förde und Traveförde bei Lübeck) zieht sich die Schlei deutlich am weitesten ins Binnenland. Das 5240 Hektar große Gewässer windet sich über 13 Kilometer buchten- und uferreich ins schleswig-holsteinische Hügelland und besitzt eher den Charakter einer Flusslandschaft oder einer Seenkette. Die Schlei ist auch die schmalste und insgesamt flachste Förde, wenngleich Tiefen bis zu 14 Metern erreicht werden. In der Großen Breite bei Borgstedt dehnt sich die Schlei auf einer Breite von 4000 Metern aus, während kurz vorher bei Missunde lediglich 135 Meter die beiden gegenüberliegenden Ufer trennen.
Das NSG „Haithabu-Danewerk", das bereits 1950 als Naturschutzgebiet ausgewiesen wurde, verbindet den Schutz eines wertvollen Kulturdenkmals mit dem Erhalt einer historischen Kulturlandschaft und interessanter Naturlebensräume. Die zwischen dem 7. und 12. Jahrhundert als Schutzwall gegen die Sachsen und slawischen Obodriten errichtete Wehranlage beherbergt großflächige und schützenswerte Vorkommen von Eichen-Mittelwäldern, Magerrasen, Sandheiden und Borstgrasrasen.

Tourmöglichkeiten

Umrundung Haddebyer Noor

Das Haddebyer Noor, ein von der Schlei abgetrenntes Binnengewässer, lässt sich (ebenso wie das benachbarte Selker Noor) in einer schönen Wanderung von etwa 6 Kilometern umwandern. Es ist zugleich ein botanischer Streifzug durch die Landschaft der Wikinger, bei dem in 20 Stationen verschiedene Pflanzenarten (wie Erzengelwurz, Adlerfarn, Holunder, Hainbuche, Eibe) und botanische Besonderheiten (Knicks, Mast-Eichen, Nuss-Hecken usw.) erklärt werden. Hierzu gibt es Hinweise im Gelände und ein Faltblatt im Wikinger Museum Haithabu („Wikinger Zeit am Haddebyer Noor").

Vom Museum begeben wir uns zunächst zu den am Noor gelegenen „Wikingerhäusern Haithabu", wo nach Originalbefunden rekonstruierte Behausungen und zahlreiche Veranstaltungen und Vorführungen das Leben der Wikinger in früheren Zeiten vor den Augen der Besucher wiedererstehen lassen. Sehr eindrucksvoll ist der Blick vom ehemaligen Ringwall der Stadt auf die Umgebung und das Noor. Eine Wanderung ins NSG „Haithabu-Danewerk" ist von hier aus möglich.
Doch wir wollen das Noor umrunden und wandern weiter vorbei an Fledermaus-Nisthilfen in den Bäumen und Runensteinen, die als Gedenksteine für gefallene Krieger in der Landschaft stehen. An der Noorbrücke kann es bei hohen Wasserständen etwas feucht werden, und manchmal muss man sogar die Schuhe ausziehen.
Wir befinden uns hier auf zwei Hauptwanderwegen, die mit weißen Andreaskreuzen markiert sind (E 1 Nordsee – Bodensee – Mittelmeer und E 6 Ostsee – Wachau – Adria). Beide Hauptwanderwege biegen nach der Überquerung der Wasserverbindung zwischen Selker und Haddebyer Noor nach rechts ab. Wer also nach Süden zum Mittelmeer möchte, biegt hier ab, ansonsten geht es am Haddebyer Noor weiter, wobei nun einige Steigungen und Abgänge zu bewältigen sind.
Immer wieder ergeben sich schöne Blicke auf das Noor und Schleswig im Hintergrund, wenn die prachtvollen alten Buchen, Eichen und Erlen in ihrem dichten Geäst etwas Platz lassen.

Blick auf die rekonstruierten Wikingerhäuser in Haithabu und die Brücke über die Wasserverbindung zwischen Haddebyer und Selker Noor.

Die ehemalige Trasse der Kreisbahn ist heute Rad- und Wanderweg.

Wir erreichen die B 76, an deren Radweg entlang wir mit Blick aufs Noor (links) und die Schlei (rechts) am Restaurant „Odins Haddeby" vorbei wieder den Parkplatz des Wikinger Museums Haithabu erreichen.

Radtouren

Für Radfahrer gibt es ein breites Angebotsprogramm an ausgearbeiteten Touren (weitere Infos zum Beispiel unter www.naturparkschlei-de).
15 Radtouren, wie „Schleiufertörn", „Landarzttörn", „Schlemmertörn" und andere, lassen sich in der Schleiregion absolvieren. Von Haithabu kann man zu einer Schleitour starten, die am Südufer entlang entweder bis Missunde oder bis Lindaunis führt, wo sich Schleiübergänge (Brücke oder Fähre) befinden. Am nördlichen Ufer geht es jeweils zurück nach Schleswig. Schön ist auch der Rückweg von Lindaunis an der Schlei nach Süderbrarup und dann auf der alten Kreisbahntrasse – ganz ohne Autoverkehr – wieder nach Schleswig. Diese Tour umfasst von Haithabu bis zurück zum Museum 66 Kilometer; alle anderen Routen sind kürzer, und von Süderbrarup oder Rieseby ist auch eine Rückkehr per Bahn möglich.

Die Klappbrücke bei Lindaunis über die Schlei wird oft von Radfahrern genutzt.

Bei den Touren entlang der Schlei kann man immer wieder schöne Ausblicke auf die sich weit ins Binnenland erstreckende Förde werfen.

Einkehrmöglichkeiten

Im Wikinger Museum befindet sich das „Haithabu Café“ (T. 04621 35343, www.haithabu-cafe.de) mit hübscher Terrasse am Haddebyer Noor, wo man die regionalen und biologischen Produkte vom kalten und warmen Buffet genießen kann oder den biologischen Kaffee und die ebenfalls mit biologischen Zutaten zubereiteten Kuchen.

Gegenüber dem Museum auf der anderen Seite der B 76 liegt mit längeren Öffnungszeiten als das Museumscafé das „Odins Haddeby“ (Haddebyer Chaussee 13, 24866 Busdorf, T. 04621 850500, www.odins-haddeby.de).

Beide gastronomischen Betriebe sind Mitglieder bei Feinheimisch – Genuss aus Schleswig-Holstein e. V., wo auf eine regionale Frischeküche unter Verzicht auf industrielle Fertigprodukte gesetzt wird (www.feinheimisch.de).

Umwelt- und Ostsee-Information in Eckernförde

Das Ostseebad Eckernförde liegt mit seinen Stränden und nahen Steilufern an einer hübschen Ostseebucht, aber auch die Hüttener Berge im Westen, Schwansen im Norden und der Dänische Wohld in Richtung Kiel sind schnell erreichbar. Zu den beliebtesten Wanderungen gehört die Umrundung des nahen Windebyer Noors, einer ehemaligen Bucht der Ostsee, die aber inzwischen von dieser abgetrennt ist.
Das 2016 zum zehnten Mal veranstaltete internationale Naturfilmfestival Green Screen ist mit 16 000 Zuschauern das publikumsstärkste Festival seiner Art in Europa und weit über die Grenzen Eckernfördes bekannt.

UmweltInfoZentrum Eckernförde

Das UmweltInfoZentrum Eckernförde (UIZ) liegt nahe am Wanderweg um das Windebyer Noor. In der vielfältig gestalteten Gartenanlage versucht die seit 1996 bestehende Umweltbildungseinrichtung in Aktionen, Führungen, Seminaren und Veranstaltungen das Verständnis für die Zusammenhänge unserer Lebensgrundlagen zu vermitteln. Dies soll letztlich in Bemühungen um deren Schutz durch die Teilnehmer münden. Naturerleben im Garten, Schärfung der Sinne, Tiere im und am Teich beobachten, Wildkräuter sammeln und essen, Färben mit Pflanzen und Pflanzendüfte sind nur einige der Veranstaltungsthemen. Auch Einzelbesucher können das Gelände mit Kloster-, Stein- und Färbergarten, Imkerhaus, Streuobstwiese und Kleingewässern besichtigen und sich Anregungen für Gestaltungs- und Naturschutzmaßnahmen im eigenen Garten holen.
In der angegliederten Eichhörnchen-Schutzstation gibt es die Möglichkeit, verletzte und verlassene Eichhörnchen abzugeben. In einem großen Gehege leben einige der braunen Nagetiere mit den Pinselohren, und man kann sich über ihre Biologie informieren.

Ostsee Info-Center Eckernförde

Die Ostsee kennenlernen, erleben und begreifen kann man im Ostsee Info-Center Eckernförde, direkt am Meer in der Nähe des Hafens gelegen, dort wo Hafenpromenade und Kurstrand aufeinandertreffen. Am Eingang des Info-Centers kommen wir zunächst an einem Nachbau des Ostsee-Steilufers mit den Wohnröhren der Uferschwalben in den Steilwänden und dem blühenden Huflattich am Hang vorbei.

Am Strand und in der Salzwiese blühen Strandaster, Meersenf und Strandgrasnelke. Die typischen Vögel dieser Lebensräume werden in Präparaten präsentiert, und ihre Rufe sind per Knopfdruck abrufbar. Das Geschrei der Silbermöwe, das Gekliepe des Austernfischers oder das markante „Kie-wit" des Kiebitz erkennt man vielleicht später im Gelände wieder.
Das Herzstück der Ausstellung sind die Aquarienbecken, in denen sich Scholle, Steinbutt und Seezunge ebenso wohlfühlen wie Seehase, Seenadel und Butterfisch. Auch Ohrenquallen, Garnelen, Seesterne und verschiedene Krebsarten kann man in ihrem Element von Nahem betrachten. Im Fühlbecken darf man einige Meeresbewohner unter Anleitung sogar anfassen.
Eine simulierte Ostseefahrt, eine Horchstation im Meer, eine Unterwasser-Live-Webcam, ein botanischer Dachgarten mit den Pflanzen der Dünen, Spülsäume und Magerrasen sowie eine Schweinswal-Ausstellung gehören ebenso zum Programm wie Informationen zur Gefährdung der Ostsee, beispielsweise durch die Plastikvermüllung, und zu Möglichkeiten ihres besseren Schutzes.
Die Mitarbeiter des Ostsee Info-Centers veranstalten viele Mitmach- und spannende Bildungsprogramme für Teilnehmer jeden Alters, Führungen, Tierfütterungen, Kescherkurse und Kreativangebote, die neben der Ausstellung weitere Möglichkeiten bieten, die Lebewelt der Ostsee kennenzulernen.

Eckernförde liegt am Ende der etwa 17 Kilometer weit ins Binnenland reichenden Ostseeförde.

Info

UmweltInfoZentrum Eckernförde (UIZ), Noorwanderweg (Zufahrt über den Hans-Christian-Andersen-Weg), 24340 Eckernförde, T. 04351 3027, umweltinfozentrum@utsev.de, www.umweltbildung-eck.de

Das UmweltInfoZentrum berät zum Thema Umweltschutz im Garten.

Ostsee Info-Center Eckernförde, Jungfernstieg 110 (Am Seesteg), 24340 Eckernförde, T. 04351/726266, info@ostseeinfocenter.de, www.ostseeinfocenter.de

Beliebt: Aquarien im Ostsee Info-Center

Anreise

Die Ausstellungen und der Noorwanderweg sind vom Bahnhof Eckernförde zu Fuß, per Fahrrad oder per Bus erreichbar.

Tourmöglichkeiten

Umrundung Windebyer Noor

Eine Umrundung des Windebyer Noors (ca. 11 Kilometer) bietet nicht nur interessante landschaftliche und naturkundliche Eindrücke, sondern vermittelt dem Wanderer mit den zahlreichen Informationstafeln am Weg viele archäologische, historische und biologische Informationen.

Vom Bahnhof geht es zunächst über die Bundesstraße an den Uferweg des Noors, das als eiszeitlich entstandene Bucht Verbindung zur Ostsee besaß. Durch die Ausbildung eines Strandwallsystems und Sandablagerungen wurde das eiszeitliche Zungenbecken allmählich abgetrennt. Eine endgültige Trennung erfolgte 1929 durch künstliche Aufschüttungen. Eine erste Tafel am Noorwanderweg informiert über die Entstehung und Entwicklung des Noors. Pflanzen der Ufer- und Verlandungszonen werden vorgestellt.

An der Unterführung der Bundesstraße kann man dem UmweltInfo-Zentrum Eckernförde einen Besuch abstatten und auch weiter zum Hafen und zur Innenstadt gelangen. Wir bleiben auf dem Uferweg, der hier Teil der alten Kreisbahntrasse von Eckernförde nach Owschlag ist, die von 1904 bis 1954 als Bahnstrecke betrieben wurde.

Weitere Tafeln informieren uns über den Keltischen Kalender und das Baumhoroskop, die Pflanzenentwicklung eines Trockenhangs und die Vogeluhr: Bei einem Sonnenaufgang um 4.30 Uhr fängt bereits um 3 Uhr der Gartenrotschwanz an zu singen, gefolgt von Rotkehlchen, Amsel, Zaunkönig und Kuckuck. Auch Kohlmeise, Zilpzalp und Buchfink beginnen ihren Gesang noch vor Aufgang der Sonne, während der Spätaufsteher Star erst um 4.40 Uhr munter zu zwitschern beginnt.

Sing- und Wasservögel des Gebiets und Wintergäste auf dem Noor werden ebenso vorgestellt wie die Quellpflanzen und die Kletter- und Schlingpflanzen, zum Beispiel Hopfen, Efeu, Zaunwinde und Waldrebe.

Durch ein kleines Buchenhochwaldareal kommen wir an einer Schutzhütte vorbei auf eine Pappelallee, an deren Ende der Wanderweg direkt ans Noor hinunterführt. Im Wasser liegt dort der „Weiße Stein“, mit 48 Tonnen Gewicht immerhin der sechsgrößte Findling des Landes. Der durch die Kräfte der letzten Eiszeit (Weichselglazial) aus Südschweden herantransportierte rötliche Granit hat seine weiße Färbung durch den Kot der Seevögel bekommen, die wie der Kormoran gern auf dem Stein rasten.

Der weitere Weg ist ufernah und kann bei feuchtem Wetter aufgeweicht und matschig sein. Vorbei an Grabhügeln der Bronzezeit (3500–2500 v. u. Z.), Informationen zu Moorleichen, die in der Nähe in Osterby und Damendorf gefunden wurden, kommen wir am Gut Windeby, dessen Herrenhaus durch die Bäume zu sehen ist, an die Straße, an der entlang wir wieder nach Eckernförde hinein und zum Bahnhof gelangen.

Radtouren

Radtouren sind von Eckernförde in alle Richtungen möglich, zum Beispiel ins nördliche Schwansen bis zum Ostsee-Naturschutzgebiet „Schwansener See“, in die Hüttener Berge an den Wittensee oder Richtung Süden in den Dänischen Wohld, wo man Gettorf und den dortigen Tierpark mit verschiedenen Affenarten, Papageien, Erdmännchen und vielen weiteren Tierarten besuchen kann (weitere Infos zum Beispiel unter www.ostseebad-eckernfoerde.de/radfahren.html oder www.tierpark-gettorf.de)

Einkehrmöglichkeiten

In Eckernförde gibt es eine große Auswahl an Restaurants. Bei einem Besuch des Ostsee Info-Centers Eckernförde kann man in dem zur Ausstellung gehörigen Bistro drinnen oder auf der Sonnenterrasse draußen warme Snacks, Kuchen und Getränke, bei denen auf Nachhaltigkeit geachtet wird, genießen. Auch die Kaffee- und Espressoprodukte sind Bio und fair gehandelt.

Kiel – Naturkunde in der Stadt und Wanderung durchs Eidertal

Wer sich für die Flora und Fauna in Schleswig-Holstein interessiert, ist in Kiel an der richtigen Adresse: Der Neue Botanische Garten präsentiert Pflanzen aus aller Welt, aber auch viele heimische Pflanzenarten und Lebensräume; im Zoologischen Museum gibt es umfangreiche Ausstellungen zur Tierwelt des Landes und darüber hinaus; das GEOMAR-Aquarium bietet Einblicke in die Unterwasserwelt unserer Küsten. Rad- und Wandertouren ins Umland sind vielfältig möglich. Die südlich der Landeshauptstadt bei Bordesholm entspringende Eider ist der größte Fluss Schleswig-Holsteins. Von Kiel aus kann man das von eiszeitlichen Gletschern geformte Eidertal durchwandern.

Der Kustos des Neuen Botanischen Gartens in Kiel, Dr. Martin Nickol

Neuer Botanischer Garten

Eigentlich bräuchte man die Welt gar nicht zu bereisen, um die Pflanzen der Erde kennenzulernen. Der Neue Botanische Garten in Kiel bietet auf engstem Raum, durch 10 Kilometer Wege erschlossen, die typischen, besonderen und schönen Pflanzen aus ganz verschiedenen Ecken der Erde. So gibt es im Freiland Areale der Flora Amerikas, Europas und Asiens. Im Alpinum werden die Hochgebirgspflanzen aus den Alpen, den Pyrenäen, den Hochlagen Amerikas, den Bergen Südafrikas und Neuseelands, dem Himalaya und dem Kaukasus präsentiert. In den sieben Schaugewächshäusern wird die Flora der warmen Regionen der Erde vorgestellt: das Tropen-, Nebelwald- und Mediterranhaus sowie das Subtropenhaus, in dem Besuchern zum Beispiel viele wichtige Nutzpflanzen wie Tee, Sesam, Erdnuss, Zitrone und Kaffee in Natura gezeigt werden. In den Aridhäusern Amerika und Afrika lernen wir die vielfältigen Anpassungen der Pflanzen an Trockenheit kennen, wie sie bei Agaven, Bromelien, Akazien, Lebenden Steinen und Kakteen zu beobachten sind. Im Victoria-

Im Alpinum des Neuen Botanischen Gartens in Kiel bekommt der Besucher einen Einblick in die Pflanzenwelt aus den Gebirgshochlagen der Erde.

haus findet man die tropischen Wasserpflanzen, wo neben Riesenseerosen (*Victoria*) und Lotuspflanzen auch Mangroven und Kulturpflanzen wie Reis, Zuckerrohr, Papaya und Papyrus zu bestaunen sind.

Im Neuen Botanischen Garten Kiel werden den Besuchern auf einer Fläche von 8 Hektar nicht nur die Besonderheit und Schönheit der Höheren Pflanzen, sondern auch ihre eindrucksvolle Vielfalt nahegebracht. 14 000 Pflanzenarten werden im Freiland und in den Gewächshäusern gehalten. Im Jahr 2015 feierte der Neue Botanische Garten auf dem Universitätsgelände sein 30-jähriges Jubiläum. Dies ist der vierte Standort des Botanischen Gartens in Kiel, der auf eine fast 350-jährige Geschichte zurückblicken kann. Bereits 1669, kurz nach Gründung der Christian-Albrechts-Universität zu Kiel, hatte die Stadt ihren ersten botanischen Garten. Der heutige Neue Botanische Garten befindet sich seit 1985 auf dem Gelände der Universität am Ende der Leibnizstraße.

Das Herzstück eines jeden botanischen Gartens, das System der Pflanzen, ist auch im Kieler Garten zentral mit vielen Beispielen vertreten.

Teichanlagen, arrangierte Blumenbeete, ein Arzneigarten mit wichtigen Heil- und Giftpflanzen nach Wirkungsfeldern geordnet und eine ökologische Abteilung zu pflanzlichen Blütenbestäubungs- und Ausbreitungsmechanismen runden das Freiland-Angebot des Gartens ab.

Die Küchenschelle ist einer der ersten Frühblüher im Hochgebirgsareal des Neuen Botanischen Gartens in Kiel.

Auch die heimische Flora kommt nicht zu kurz: In Mini-Lebensräumen kann man die Pflanzenwelt unserer Küsten von Nord- und Ostsee mit Strand, Dünen und Salzwiesen erleben, aber ebenso sind Heide, Moor und Erlenbruch vertreten. Sonnentau, Krähenbeere, Glockenheide, Sumpfporst und Moorlilie sind nur einige der typischen Pflanzenbeispiele des Moores im Neuen Botanischen Garten.

Der ganzjährig täglich geöffnete Garten bietet botanisch und natur- und gartenkundlich Interessierten nicht nur zahlreiche Informationen und Anregungen, sondern lädt auch zum kontemplativen und erholsamen Genießen inmitten der mannigfaltigen Pflanzenwelt ein.

Zoologisches Museum

Gleich in der Eingangshalle des Kieler Zoologischen Museums bekommt der Besucher einen Eindruck von der Artenvielfalt auf der Erde und gleichzeitig einen Einblick in die wissenschaftlichen Sammlungen des Museums. Da sind bizarre und farbenprächtige Käfer in Insektenkästen, einige wenige der 30 000 Exemplare, die im Archiv des Museums für wissenschaftliche Arbeiten und Projekte lagern. Ebenso prächtig sind die Kästen mit den bunt schillernden Schmetterlingen und den vielgestaltigen Weichtieren: eindrucksvolle Beispiele der Biodiversität unserer Erde. Naturgemäß beschäftigen sich viele der Dauerausstellungen mit marinen

Themen. In der Ausstellung „Die Ostsee – Meer im Wandel" wird die in den Sammlungen des Museums über einen Zeitraum von mehr als 160 Jahren dokumentierte Meeresfauna der Kieler Bucht präsentiert. Eine vergleichbar gute Dokumentation der Meeresfauna eines Gebiets gibt es kaum auf der Erde. Dies ermöglicht es, Veränderungen und Gefährdungen der Lebewelt zu erkennen und auf eventuelle Gefahren für das Ökosystem hinzuweisen.

Die Ausstellung „Ozean der Zukunft" entstand in Zusammenarbeit mit dem GEOMAR Helmholtz-Zentrum für Ozeanforschung und der Universität Kiel und berichtet über aktuelle Forschungsaktivitäten, beispielsweise zum Meeresspiegelanstieg, zur Ozeanversauerung und zur Überfischung der Meere.

In der großen Wal-Halle werden zwölf Walskelette von Arten gezeigt, die in heimischen Gewässern nachgewiesen wurden. Ein junger Blauwal, der 1881 vor Sylt strandete, und ein 14 Meter langer Pottwal, der aus der Meldorfer Bucht geborgen wurde, sind die eindrucksvollsten Beispiele der derzeit artenreichsten Wal-Ausstellung in Deutschland.

Die Tiefsee, einer der letzten noch weitgehend unbekannten und geheimnisvollen Lebensräume unserer Erde, wird im Museum gelungen in Szene gesetzt. Bizarren Tiefseefischen und dem legendären Riesenkalmar, einem 3 Meter großem Exemplar, kann der Besucher Aug in Aug gegenübertreten.

Meeresforschung findet in Kiel seit über 200 Jahren statt, und die Stadt ist bis heute eines der bedeutendsten

Das Schwertwal-Skelett ist eines von zwölf Wal-Exponaten im Zoologischen Museum, das damit die artenreichste Wal-Ausstellung in Deutschland präsentiert.

Zentren der internationalen marinen Forschung. Das Zoologische Museum gibt viele interessante Einblicke in die Entwicklung, Bedeutung und Ergebnisse dieser Forschungen.
Auch terrestrische Themen werden behandelt, zum Beispiel die Ökologie der Schmetterlinge. Eine Ausstellung von 300 Vogelpräparaten repräsentiert einen Querschnitt der Vogelwelt Mitteleuropas. In einer weiteren Auswahl von Präparaten wird das System der Tiere mit Beispielen aus allen wichtigen Tierstämmen der Erde von den Schwämmen und Korallen bis zu den Wirbeltieren mit den Fischen, Amphibien, Reptilien, Vögeln und Säugetieren vorgestellt. Neu im Portfolio der Dauerausstellung „Auf den Zahn gefühlt" ist eine Präsentation für Blinde und Sehende mit unterschiedlichen Zahnkonstruktionen im Tierreich, bei der das haptische Erlebnis im Vordergrund steht.
Auf Basis der historischen Sammlungen werden nicht nur Erkenntnisse über Evolution und Biodiversität vermittelt, sondern es wird vor allem die

Das 1881 eröffnete Gebäude des Kieler Zoologischen Museums

Faszination für die heimische Tierwelt und die der ganzen Erde geweckt.

Aquarium GEOMAR

Die Unterwasserwelt der Ostsee, der Nordsee, des Mittelmeers und der Tropen kann man sich im Aquarium GEOMAR ansehen. Besonders interessant ist der riesige Heringsschwarm, der in einem großen Rundbecken niemals Pause zu machen scheint. Das Seehund-Außenbecken, wo man die Tiere über und unter Wasser beobachten kann, liegt direkt an der Ostsee an der Kiellinie, der Hafenpromenade.

Info
Botanischer Garten der Christian-Albrechts-Universität zu Kiel (Neuer Botanischer Garten), Am Botanischen Garten 1–9, 24118 Kiel, T. 0431 880-4275 und -4276, hortus@bot.uni-kiel.de, www.botanischer-garten-kiel.de

Zoologisches Museum Kiel der Christian-Albrechts-Universität zu Kiel, Hegewischstraße 3, 24105 Kiel, T. 0431 880-5170, zoolmuseum@email.uni-kiel.de, www.zoologisches-museum.uni-kiel.de

Aquarium GEOMAR, Düsternbrooker Weg 20, 24105 Kiel, T. 0431 600-1637, aqki1@aquarium-kiel.de, www.aquarium-geomar.de

Der längste Fluss Schleswig-Holsteins, die Eider, schlängelt sich zwischen Bordesholm und Kiel durch ein Tal, dessen landschaftliche Reize auf einer Wanderung zu erleben sind.

Anreise

Vom Bahnhof in Kiel sind der Neue Botanische Garten, das Zoologische Museum und das Aquarium GEOMAR problemlos per Fahrrad oder Bus erreichbar. Mit dem Auto kann man am Ende der Leibnizstraße auf dem Unigelände nahe dem Haupteingang parken. Ist die automatische Schranke nach der Einfahrt von der Olshausenstraße in die Leibnizstraße geschlossen, so muss man über die Gegensprechanlage seinen Wunsch eines Besuchs des Botanischen Gartens äußern und kann zu den Parkmöglichkeiten durchfahren. Das Zoologische Museum und das Aquarium liegen nahe der Kieler Förde. Es gibt einige wenige Parkplätze auf dem Parkdeck des Museums, ansonsten in den umliegenden Parkhäusern.

Schutzgebiete

Das Tal der oberen Eider zwischen Kiel und Bordesholm ist Teil des europäischen Schutzgebietsnetzwerks und gehört zu dem NATURA-2000-Gebiet „Gebiet der oberen Eider inklusive Seen“. Der Westensee und der Ahrensee, der Kieler Schulensee und weitere gehören ebenfalls zu diesem Verbund. Viele Naturschutzmaßnahmen sind inzwischen auf den Flächen, die sich im Besitz der Stiftung Naturschutz Schleswig-Holstein befinden, durchgeführt worden. Besonders wichtig waren die Einstellung der Gewässerunterhaltung und der

Im Frühjahr fängt die Echte Schlüsselblume im Eidertal an zu blühen.

Flächenentwässerung sowie die extensive Beweidung mit Robustrassen. So ist das landschaftlich reizvolle Talgebiet geprägt durch nasse, zeitweilig überflutete Niedermoore, Quellen, sumpfige Feuchtwiesen, ungestörte Bachläufe und bewaldete Hänge. Große Bestände der gefährdeten Flussmuschel, verschiedene Fledermausarten wie die Bechsteinfledermaus, Sumpfschrecke, Bekassine, Wachtelkönig, Braunkehlchen und Schlagschwirl sind nur einige der dort anzutreffenden Tierarten.
Für das dichte Gelb auf den feuchten Wiesen und Weiden im Frühjahr ist vor allem die Sumpfdotterblume verantwortlich, die in dichten Beständen zur Blüte kommt. Das NSG „Schulensee und Umgebung" liegt auf Kieler Stadtgebiet und ist Ausgangspunkt der Wanderung durch das Eidertal. Neben den von größeren Schwimmblattzonen geprägten Wasserflächen befinden sich Röhrichte, Weidengebüsche und Erlenbruchwälder an den Ufern des Schulensees und der Eider, die den See durchfließt.

Tourmöglichkeiten

Eidertal

Ein 22 Kilometer langer Wanderweg führt von Kiel über Flintbek nach Bordesholm durch das Tal der oberen Eider, wobei Radfahren auch eingeschränkt möglich ist: Ohnehin können die Wege bei sehr feuchtem Wetter auch für Wanderer auf kleinen Teilstrecken etwas aufgeweicht sein. Die Rückkehr ist per Bahn von Flintbek oder Bordesholm zum Kieler Hauptbahnhof möglich. Hier können wir auch starten und per Bus, wandernd oder radelnd über Sophienblatt und Hamburger Chaussee an der Eiderbrücke den Schulensee erreichen. Am dortigen Naturschutzgebiet begeben wir uns auf

Heckrinder grasen auf den feuchten Weiden im Eidertal.

Über 60 historische Gebäude aus den verschiedenen Landschaften Schleswig-Holsteins zeigt das Freilichtmuseum in Molfsee, hier das Fischerhaus.

den gut ausgeschilderten Eidertal-Wanderweg, der an manchen Stellen mit Informationstafeln zum Naturschutz und zur Flora und Fauna des Gebiets bestückt ist.
Bald kommen wir nach Molfsee, wo sich das gleichnamige Freilichtmuseum befindet, das interessant und spannend über die schleswig-holsteinische Kulturgeschichte und Volkskunde informiert (Hamburger Landstraße 97, 24113 Molfsee, T. 0431 659660, www. schloss-gottorf.de/molfsee). Das ist eher etwas für eine eigene Tagesexkursion. Anbei befinden sich aber mehrere Restaurants, in die man einkehren kann, wie der noble „Drathenhof", der „Bärenkrug" oder der „Catharinenberg".
In Molfsee überqueren wir auch die Eider und wandern nahe der Bahnlinie nach Flintbek, wo wir die Eider wieder zweimal überqueren und dann, immer nahe der Bahn, vorbei am Eiderheim (Wohn- und Werkstätten für behinderte Menschen) und an Techelsdorf, nach Reesdorf und zur alten Feldsteinbrücke über die Eider kurz vor Bordesholm gelangen. Der Blick über die Talniederung ist an vielen Stellen recht eindrucksvoll. Durch die Naturschutzmaßnahmen hat sich auch ein attraktives Mosaik an Lebensräumen entwickelt, das dem Auge immer wieder neue und abwechslungsreiche Ansichten bietet. Auf den feuchten Weiden grasen friedlich Galloways, Heckrinder, Koniks und andere Robusttiere, die hier

Die Blaue Brücke über die Eider zwischen Grevenkrug und Techelsdorf wurde bereits im Jahr 1865 erbaut.

im Wesentlichen für die Landschaftspflege zuständig sind.
Bei Reesdorf können wir nach Bordesholm hineinwandern und den Zug zurück nach Kiel besteigen oder über Grevenkrug zurück nach Flintbek gelangen und dort den Zug nehmen.
Variante Bordesholm: In Bordesholm kann man nicht nur der 1332 geweihten Klosterkirche und der fast 700 Jahre alten Winterlinde einen Besuch abstatten, sondern sich auch auf den Ökopfad begeben, der in 30 Stationen zu artenreichen Wiesen, Knicks, Reddern und Alleen sowie zu interessanten Seeufern, Bruchwäldern und zu eindrucksvollen Bäumen in Bordesholm und seiner näheren Umgebung führt (www.bordesholm.de/oekopfad). Lohnend ist auch ein Abstecher zum Museum für Erdgeschichte „Tor zur Urzeit", das sich im nahe gelegenen Ort Brügge befindet (www.torzururzeit.de).
Variante Flintbek: Wir überqueren bei Reesdorf die Eider über die alte Feldsteinbrücke und wandern auf der westlichen Seite des Tals bis Grevenkrug, wo wir über die Blaue Brücke aus dem Jahr 1865, ein technisches Denkmal und wohl die älteste Eisenkonstruktion dieser Art im Land, die Eider abermals kreuzen und auf bekanntem Weg wieder nach Flintbek gelangen. Von dort geht es dann mit der Bahn zurück nach Kiel.
Wer am Wochenende nachmittags im Eidertal unterwegs ist, kann das gemütliche „Reesdorfer Gartencafé" ansteuern.

Radtouren

Für Radler gibt es in Kiel zahlreiche Möglichkeiten für Touren in der Innenstadt oder ins nahe Umland, zum Beispiel ins Westenseegebiet, in die Probstei und in den Dänischen Wohld im Norden oder am Nord-Ostsee-Kanal auf einem der Fernradwege des Landes (siehe www.kiel.de/touristik/kiel_erkunden). Auf dem „Ostseeküsten-Radweg" fährt man entweder in Richtung Norden nach Eckernförde, Schleswig und Flensburg oder gen Osten in Richtung Fehmarn und weiter nach Lübeck (www.ostseekuesten-radweg.de).

Einkehrmöglichkeiten

Der „Drathenhof“ (Hamburger Landstraße 99, 24113 Molfsee, T. 0431 650889, www.drathenhof.de) liegt direkt am Schleswig-Holsteinischen Freilichtmuseum in Molfsee einige Hundert Meter abseits vom Eidertal-Wanderweg und bietet von holsteinischen Spezialitäten bis zu internationalen Köstlichkeiten ein umfangreiches Angebot.

Auch in Molfsee: Hotel, Restaurant und Biergarten „Catharinenberg“ (Hamburger Chaussee 21–23, 24113 Molfsee, T. 04347 70720, www.catharinenberg.de);
Hotel, Restaurant und Hofgarten „Bärenkrug“ (Hamburger Chaussee 10, 24113 Molfsee, T. 04347 71200, www.baerenkrug.de).

Im „Reesdorfer Gartencafé“ (Böhnhusener Weg 2, 24241 Reesdorf, T. 04322 2583, www.reesdorfer-gartencafe.de) kann man den selbst gemachten Kuchen bei schönem Wetter im Kaffeegarten genießen, ansonsten sitzt man in der gemütlichen Diele des Reetdach-Bauernhauses.

Für die Rast auf dem Eidertal-Wanderweg: das „Reesdorfer Gartencafé“

Gesäumt von nassen, extensiv genutzten Feuchtwiesen schlängelt sich die Eider zwischen Bordesholm und Kiel durch das Eidertal.

Von Laboe zum Naturschutzgebiet Bottsand

In dem bekannten Ostseebad Laboe bei Kiel gibt es neben viel Badestrand auch einen Dünen-Erlebnispfad und eine Meeresbiologische Station. Mit einer kleinen Wanderung entlang der Kieler Förde lässt sich ein Abstecher zu einer Naturschutzstation und zwei Naturschutzgebieten verbinden.

Meeresbiologische Station Laboe

Vom Hafen Laboe erreicht man die Meeresbiologische Station Laboe, wenn man die ganze Promenade bis zum hoch aufragenden Marine-Ehrenmal (schöner Ostseeausblick) und dem Original-U-Boot am Strand gegangen ist und noch etwa 200 Meter weiter in die Dünen wandert.

Am Rand der Ostseedünen bei Laboe liegt die Meeresbiologische Station.

Jeder Besucher der Station bekommt eine etwa einstündige Führung durch die Aquarienanlagen. Daher wird auf eine Beschriftung weitgehend verzichtet. Der Duft von Seewasser, Algen und Meerestieren umfängt einen sofort beim Betreten der Stationsräume. In den Becken tummeln sich neben Fischen der Süßgewässer wie Aal und Dreistacheliger Stichling vor allem Meeresfische wie Seeskorpion, Petermännchen, Katzenhai, Butterfisch und Meeräsche. Ostseegarnele, Strandkrabbe, Seeanemone, Schlangenstern und Europäischer Hummer sind ebenfalls vertreten. Man kann auch mal einen Krebs in die Hand nehmen oder einige der Ostseemeerestiere füttern. Die seit 1999 bestehende, privat geführte Einrichtung veranstaltet auch Führungen, Seminare, mikroskopische Untersuchungen und vor allem Schiffsausfahrten mit der MS „Sagitta", bei denen man die Unterwasserlebewelt der Ostsee hautnah kennenlernen kann und von den Meeresbiologen einiges an Hintergrundwissen zu den Organismen vermittelt bekommt.

Von Laboe aus kann man ausgedehnte Watt-, Strand- und Dünen-Wanderungen unternehmen.

An der Station liegt ein 8 Hektar großer Naturerlebnisraum, in dem Entstehung, Geschichte und Bedeutung der Dünenlandschaft erklärt werden. Auch über die Funde am Strand und im Spülsaum bekommt der Besucher Informationen, ebenso über die Pflanzen der Dünen und die Vogelwelt, zu der Austernfischer, Säbelschnäbler, Brandgans, Alpenstrandläufer, Sturmmöwe und andere gehören.

Naturstation Bottsand

Die Naturstation Bottsand liegt rund 6 Kilometer östlich von Laboe am Ortsende von Wendtorf direkt am Deich mit Blick auf das NSG „Bottsand“. In der an Wochenenden geöffneten Ausstellung kann man sich über die Entstehung und Entwicklung des Bottsander Nehrungshakens informieren. Spieltische, Mal- und Bastelecke, Arten-Memory, Vogelstimmen-Terminal, Kriechhöhle und Schubfächer mit Schaustücken machen die Ausstellung auch für Kinder attraktiv. Die Betreuer der Station weisen mit Fernglas und Spektiv auf interessante Vogelbeobachtungen hin und stehen für Fragen zur Verfügung. Naturkundliche Führungen und Vorträge finden auch statt.

Info

Meeresbiologische Station Laboe, Strand 1, 24235 Laboe, T. 04343 429321, www.meeresbiologie-laboe.de

NABU Naturstation Bottsand, Deichkrone, 24235 Bottsand/Wendtorf, T. 04343 9206, info@NABU-Bottsand.de, www.NABU-Bottsand.de

NaturErleben Hohenfelde e. V., Strandstraße 23, 24257 Hohenfelde, T. 04385 1094 u. 5930324, Mobil 0157 86390647, info@naturerleben-hohenfelde.de, www.naturerleben-hohenfelde.de

Die NABU Naturstation liegt direkt am Deich mit Blick auf das Naturschutzgebiet „Bottsand".

Anreise

Per Bus von Kiel (Infos unter www.kvg.de) oder während der Saison – etwas schöner – über die Kieler Förde mit einem Fährschiff der Fördeschifffahrt zum Anleger Laboe (Infos unter www.sfk-kiel.de). Nach Bottsand/Wendtorf kommt man von Laboe am besten zu Fuß oder per Rad (siehe Tourmöglichkeiten).

Schutzgebiete

In den Nehrungshaken, Strandwällen, Dünen, Salzwiesen und Trockenrasen des NSG „Bottsand" brüten vor allem Zwerg- und Küstenseeschwalben, Austernfischer, Sandregenpfeifer und Rotschenkel. Das seit 1939 bestehende, heute 91 Hektar große Naturschutzgebiet darf nicht betreten werden, kann aber vom Deich aus ganz gut eingesehen werden.
In dem hinter dem Deich liegenden NSG „Barsbeker See und Umgebung" mit einem küstennahen Brackwassersee und ausgedehnten Röhrichtbeständen können Rohrweihe, Seeadler, Silberreiher und Rohrdommel beobachtet werden, auch Bartmeise und Rohrschwirl kommen vor. Die ehemaligen Salzwiesen existieren nicht mehr; sie sind durch den Deichbau dem Salzwassereinfluss der Ostsee entzogen worden. Interessante Orchideen kommen im Gebiet vor, wie das Breitblättrige und das Fleischfarbene Knabenkraut.

Das NSG „Strandseenlandschaft bei Schmoel“ ist eines der wenigen Beispiele an der Ostseeküste, wo der Natur etwas zurückgegeben wurde. Hier wurde der Deich auf einer Länge von 800 Metern zurückgebaut, und das dahinter liegende 50 Hektar große Areal des heutigen, vom NABU betreuten Naturschutzgebiets wurde wieder dem Einfluss der Ostsee ausgesetzt. Auf den entstandenen brackigen Strandseen kann man verschiedene Wasservögel, wie Löffel-, Krick-, Knäck- und Schnatterente, Zwergtaucher und Graugans, beobachten. Während der Zugzeit finden sich Grünschenkel, Bruchwasserläufer, Zwergstrandläufer und zahlreiche andere Watvögel zum Rasten oder für die Nahrungssuche auf den Schlamm- und Wasserflächen ein. Das Schutzgebiet wurde 1990 als solches ausgewiesen und stellt die Ausgleichsmaßnahme für den Landschaftsverbrauch durch eine Deichverstärkung an der Küste der Probstei dar.

Tourmöglichkeiten

Naturstation Bottsand

Die Wanderung vom Laboer Ehrenmal durch die Dünen und auf dem Fördewanderweg direkt am Ostseeufer entlang führt über Stein und die Marina Wendtorf am Deich entlang zur Naturstation Bottsand (ca. 6 Kilometer). Zurück geht es auf gleicher Strecke oder durchs Binnenland über Wendtorf, Lutterbek und Brodersdorf nach Laboe (ca. 10 Kilometer).

Den 72 Meter hohen Turm des Marine-Ehrenmals kann man bei Wanderungen in Laboe gut in der Ferne ausmachen und zur Orientierung nutzen.

Probstei-Rundtour

Mit dem Rad kann man eine etwa 50 Kilometer lange Tour unternehmen, die auf dem „Ostseeküsten-Radweg“ von Laboe zunächst am NSG „Bottsand“ vorbei über Kalifornien und Brasilien nach Schönberger Strand führt. Von dort geht es über Stakendorf in die Probstei, am Passader See vorbei nach Probsteierhagen und von dort über Brodersdorf nach Laboe zurück.

Einen schönen Abstecher nach Hohenfelde kann man machen, wenn man von Schönberger Strand nicht ins Binnenland abbiegt, sondern dem „Ostseeküsten-Radweg“ folgt und vorbei am NSG „Strandseenlandschaft bei Schmoel“ zum Naturerlebniszentrum „Strandkrabbe“ am Strand bei Hohenfelde fährt (ca. 7 Kilometer einfache Strecke).

Neben der an Nachmittagen geöffneten kleinen Info-Ausstellung des Naturerlebniszentrums liegt das Restaurant „Strandkrabbe Hohenfelde“, das nicht nur mit maritimer Lage hoch über dem Ostseestrand, sondern auch mit maritimen Gerichten aufwarten kann.

Als ausgewiesene Tagestouren durch die Probstei gibt es neben einer „Maritim-“ und einer „Kultur-Route“ auch eine „Natur-Route“ (Infos unter www.probstei.de).

Auf gut ausgebauten Wegen führt der „Ostseeküsten-Radweg“ hinter den Deichen und Dünen der Probsteier Küste entlang.

An der 250 Meter weit in die Ostsee hineinragenden Seebrücke bei Schönberger Strand geht die Radtour durchs Probsteier Binnenland zurück nach Laboe oder weiter an der Ostseeküste entlang.

Einkehrmöglichkeiten

In Laboe gibt es zahlreiche Restaurants. Eine schöne und gemütliche Einkehrmöglichkeit ist „Det Koffiehuis“ (An der Au 2 a, 24235 Laboe, T. 04343 7768), nur wenige Hundert Meter hinter der Meeresbiologischen Station Richtung Stein gelegen, kurz bevor man die Straße erreicht. Hier kann man den köstlichen Kuchen auf der schönen Terrasse mit Blick auf Dünen, Strand und Ostsee genießen.

Im Restaurant „Strandkrabbe Hohenfelde“ (Strandstraße 23, 24257 Hohenfelde, T. 04385 5962677, www.ostsee-strandkrabbe.de) kann man nicht nur den Meerblick von der Dachterrasse genießen, sondern auch ein reiches Angebot an Fischgerichten.

Mit herrlichem Blick aufs Meer liegen die Naturerlebnis-Ausstellung und das Restaurant „Strandkrabbe Hohenfelde“ direkt am Gestade der Ostsee.

Heiligenhafen und Graswarder

Die Ostsee-Erlebniswelt Heiligenhafen im wenige Kilometer südlich von Heiligenhafen gelegenen Klaustorf ist ein Geologie- und Naturzentrum, in dem einerseits über die Entstehung der Ostsee, Fossilien und Gesteine informiert wird, andererseits in zahlreichen Aquarien die in der Ostsee lebenden Organismen vorgestellt werden. Das nördlich von Heiligenhafen vorgelagerte NSG „Graswarder" ist ein ebenso altes wie bedeutendes Schutzgebiet, das die Dynamik der Landschafts- und Lebensräumeentwicklung an der Ostsee zeigt, wenn sie einigermaßen ungestört ablaufen kann. Es ist zudem ein wichtiges Gebiet für Brut- und Rastvögel, die man von einem Beobachtungsturm an der Gebietsgrenze aus gut beobachten kann.

Ostsee-Erlebniswelt Heiligenhafen

Im ersten Teil der Ostsee-Erlebniswelt Heiligenhafen in Klaustorf geht es um erdgeschichtliche Fragen und darum, wie die Ostsee entstanden ist und wie sie sich auch heute noch immer verändert und weiterentwickelt. Verschiedene Küstentypen, wie Bodden-, Schären-, Ausgleichs- oder Kliffküsten, werden vorgestellt. Unterschiedliche Gesteine, die durch die Eiszeiten herantransportiert worden sind und die man am Strand finden kann, lassen erkennen, aus welchen Gebieten und auf welchen Wegen die Gletschermassen zur Eiszeit aus Skandinavien hier anrückten.
Versteinerungen von Meeresorganismen und auch das Gold des Nordens, der Bernstein, bei dem man oft Einschlüsse von Pflanzenteilen, Insekten und anderen Kleinorganismen findet, geben uns Hinweise auf die Natur früherer Erdzeitalter. Um zu erkennen, ob der gelbliche Stein, den man am Strand gefunden hat, tatsächlich ein Bernstein ist, gibt es eine Reihe von Nachweismethoden. Am sichersten ist die Brennprobe. Als versteinertes Harz ist Bernstein brennbar und verströmt einen harzigen Qualm.
Die Geschichte der Fischerei, Fangmethoden und wichtige Nutzfische sowie Hinweise auf einen verantwortungsvollen Fischkonsum und Gütesiegel der Fischwirtschaft sind ein weiterer Themenkomplex der Ausstellung, bei dem auch auf die Meeressäuger der Ostsee und ihre Verbreitung hingewiesen wird.
Das Herzstück der Ausstellung befindet sich mit den 20 Aquarien im Keller des Gebäudes. Große und kleine Becken zeigen die wunderbare Unterwasserwelt der heimischen Meeresorganismen. Neben Fischen, zum Beispiel Nagelrochen, Katzenhai, Petermännchen, Seeskorpion, Aalmutter und Flunder, kann man Blumentiere, See- und Schlangen-

sterne, Hummer, Strandkrabben und Seespinnen sowie diverse weitere Tiere in ihrem Element beobachten. In einigen Becken sind Süßwasserfische wie Zander, Karausche, Flussbarsch, Hecht, Ukelei und Europäischer Stör untergebracht. Auch über Phänomene wie das Meeresleuchten, die Nesseltiere und die treibende Welt der Meere, das Phyto- und Zooplankton, kann der Besucher in der Erlebniswelt etwas lernen.
So wie die ganze Anlage ehemals militärisch als Lauschstation im Kalten Krieg gegen den Feind im Osten genutzt wurde, ist auch der markante 75 Meter hohe Turm ein Aufklärungsturm der Bundeswehr gewesen. Der Balkon um das siebte Stockwerk befindet sich in 80 Metern Höhe über dem Meeresspiegel und ist als Aussichtsplattform zugänglich. Von diesem „OceanTower" hat man einen weiten Blick über das holsteinische Hügelland und die Ostsee mit dem Graswarder sowie bis nach Fehmarn hinüber.

NABU-Naturzentrum Graswarder

Im NABU-Naturzentrum auf dem Graswarder trifft man die Betreuer des Naturschutzgebiets, die gern für Fragen zur Verfügung stehen, und es starten von hier die Führungen in das Gebiet. An der kleinen gemütlichen Holzhütte stoßen wir bereits außen auf die ersten Informationstafeln zu den aktuell rastenden und brütenden Vogelarten, aber auch allgemeine Infotafeln sind vorhanden, so zu den Wasservögeln im Winter, zu den Wanderwegen der Sturmmöwen und zum Zug der Küstensee-

Vom Turm der Ostsee-Erlebniswelt Heiligenhafen kann man einen herrlichen Ausblick auf die Ostsee und das Hinterland genießen.

schwalben. Dieser typische Brutvogel an den Küsten von Ost- und vor allem Nordsee, wo diese Art ihr südlichstes Brutverbreitungsareal hat, gehört zu den Rekordhaltern unter den Zugvögeln. Jedes Jahr legen die kleinen möwenähnlichen Tiere 30 000 bis 40 000 Kilometer zurück, um von den Überwinterungsgebieten auf der Südhalbkugel in die nördlichen Brutgebiete und wieder zurück zu gelangen; einzelne Individuen sollen sogar auf Zugleistungen von 80 000 Kilometern im Jahr kommen.

Von einem kleinen Beobachtungspodest aus hat man einen Blick über Teile des Gebiets und auf die Sturmmöwen-Brutkolonie. An der Hütte brüten einige Rauchschwalben, denen man beim Nestbau oder Füttern der Jungen zusehen kann.

In der Hütte befindet sich eine kleine Ausstellung mit einem Landschaftsausschnitt des Graswarders. In nachgebildeten Salzwiesen, Dünen und Strandabschnitten sind Spülsaumfunde, Gelege und Präparate von Vögeln wie Austernfischer, Rotschenkel, Kiebitz, Silbermöwe, Brandgans und Flussseeschwalbe zu sehen; im Hintergrund geht die Landschaft fast fließend in die Wandzeichnung über, die das Panorama der Ostseeflächen und des Hinterlands zeigt. Hier kann man sich mit Informationsmaterial eindecken und Ferngläser ausleihen, um vom nahen, etwa 14 Meter hohen Beobachtungsturm die Vögel aus der Nähe zu betrachten.

Info

Ostsee-Erlebniswelt & OceanTower, Bäderstraße 6 a, 23775 Klaustorf/Heiligenhafen, T. 04371 4416, service@ostseeerlebniswelt.de, www.ostseeerlebniswelt.de

NABU-Naturzentrum Graswarder, 23774 Heiligenhafen, T. 04362 6947, info@graswarder.de, www.graswarder.de

Anreise

Per Bahn kann man, die Linie in Richtung Puttgarden nehmend, in Großenbrode vor der Fehmarnsundbrücke aussteigen und den Rest per Fahrrad oder Bus zurücklegen (gut 5 Kilometer bis Klaustorf, etwa 5 Kilometer bis Graswarder).

Über die A 1/B 207 in Richtung Fehmarn anreisend, kann man in Heiligenhafen in Richtung Grömitz abfahren und verlässt die B 501 in Klaustorf nach links, wo die Ostsee-Erlebniswelt ausgeschildert und der Standort am hohen OceanTower aus der Ferne bereits gut zu sehen ist. Parkplätze sind direkt an der Erlebniswelt. Für den Besuch des Graswarders gibt es mehrere Parkplätze in Heiligenhafen. Die Reststrecke bis zum Naturzentrum muss zu Fuß oder per Fahrrad zurückgelegt werden (ca. 2 Kilometer).

Beim Besuch des Graswarders passiert man zunächst ehemalige Fischerhütten, die unter Denkmalschutz stehen.

Schutzgebiet

Am NSG „Graswarder“ kann man sehr schön die Dynamik von Küstenlandschaften beobachten, wie sie ohne regulative Eingriffe des Menschen wie Deichbau, Entwässerung und Infrastrukturmaßnahmen aussehen würde. Das Sand- und Geröllmaterial, das an den westlich gelegenen Steilufern bei Sturmfluten abgetragen wird, verfrachten küstenparallele Strömungen in Richtung Graswarder, wo es in Strandwällen abgelagert wird, die sich durch auflandige Winde als Nehrungshaken ausbilden.

Zum Schutz dieser besonderen Landschaftsbildung und ihrer Tier- und Pflanzenwelt wurde das Gebiet 1968 als Naturschutzgebiet ausgewiesen und umfasst heute eine Fläche von 229 Hektar. Der Naturschutzbund Deutschland betreut das Gebiet, so wie insgesamt um die 50 weitere Schutzgebiete in Schleswig-Holstein, von denen wir auf den Ausflügen einige weitere kennenlernen.

Neben Sand- und Geröllstränden, Dünen und Salzwasserlagunen gehören vor allem Salzwiesen zum Gebiet. In diesen finden wir die typischen Salzpflanzen, wie Queller, Strandsode, Stranddreizack, Meerstrand-Beifuß, Rotschwingel und Meerstrandsimse. Eindrucksvoll sind, wie in anderen Salzwiesen auch, die Blühaspekte von Strandaster, Grasnelke und Strandflieder, an denen

sich blütenbesuchende Insekten wie Schwebfliegen, Wildbienen und Schmetterlinge tummeln. Eine besondere floristische Rarität des Gebiets ist der stark gefährdete Echte Sellerie. An den Stränden wachsen Meerkohl und Stranddistel.
Die Vogelwelt ist ebenso vielfältig wie individuenreich. Um die 40 Brutvogelarten kommen im Gebiet vor, wobei hier – wie auch in anderen Küsten-Brutgebieten, vor allem in den Kolonien – zum Teil Schutzmaßnahmen (Zäune, Elektrodrähte) für die bodenbrütenden Küstenvögel gegen Nest- und Eierräuber (Fuchs, Marder, Igel) durchgeführt werden. Während der Zugzeit und im Winter können bis zu 180 weitere Vogelarten im Gebiet beobachtet werden. Besonders eindrucksvoll sind die Schwärme von Grau- und Weißwangengänsen, Goldregenpfeifern und Pfeifenten.

Tourmöglichkeiten

NSG „Graswarder"

Von der Ostsee-Erlebniswelt kann man zu Fuß (oder mit dem Fahrrad) durch Heiligenhafen zum rund 5 Kilometer entfernten NSG „Graswarder" gelangen. Wenn man nach den vielen Fischbeobachtungen im Aquarium Appetit auf selbigen bekommen hat, kann man auf dem Weg in der – im Gewerbegebiet in der Industriestraße gelegenen – „Fisch-Hütte", im „Fischerstübchen" im Thulboden am Wilhelmsplatz oder in einem der zahlreichen weiteren Fischrestaurants des Ortes Heiligenhafen einkehren.
Am Yachthafen können wir linker Hand am Binnensee entlang zum Steinwarder und dann weiter Richtung Westen zum Steilufer einen Abstecher machen oder wir begeben uns direkt nach rechts in Richtung Graswarder.
Auf dem Weg werden wir durch zahlreiche Infotafeln über die Brutvogelwelt und Salzpflanzen auf den Besuch des NABU-Naturzentrums eingestimmt. So können wir bereits Silber-, Lach- und Sturmmöwe, Höckerschwan, Stock- und Reiherente, Wiesenpieper, Feldlerche und andere auf dem Weg beobachten und uns gleich über deren Biologie und Vorkommen im Gebiet informieren. Die Häuser auf dem Graswarder sind ehemalige Fischerhütten und stehen unter Denkmalschutz.
Nach dem Besuch der Infohütte des NABU geht es weiter zum Beobachtungsturm, einer eigenwilligen architektonischen Holzkonstruktion, die der bekannte Hamburger Architekt Prof. Meinhard von Gerkan entworfen und realisiert hat. Die Beobachtungsmöglichkeiten der Vogelwelt von dem 14 Meter über dem Meeresspiegel gelegenen Aussichtspunkt sind exquisit und eröffnen den Blick auf ein Stück Ostsee-Wildnis, wie man es nur noch an wenigen Stellen in dieser natürlichen Ausprägung antreffen kann.

Der von Osten nach Westen wandernde Nehrungshaken des Graswarders ragt inzwischen auf einer Länge von 2,5 Kilometern in die Ostsee hinein.

Ostseeküsten-Radweg

Radfahrer werden sich vor allem auf den „Ostseeküsten-Radweg" begeben, der einerseits in östlicher Richtung nach Fehmarn oder nach Süden an der Küste entlang weiter nach Grömitz und Neustadt i. H. führt oder in der anderen Richtung nach Westen über Oldenburg i. H. und zur Hohwachter Bucht (www.ostseekuesten-radweg.de). In Oldenburg kann man dem bekannten Wallmuseum einen Besuch abstatten, das vielfältige Einblicke in die mittelalterlich-slawische Lebenswelt gibt (Prof.-Struve-Weg 1, 23758 Oldenburg i. H., T. 04361 623142, www.oldenburger-wallmuseum.de).

Einkehrmöglichkeiten

In der „Fisch-Hütte" (Industriestraße 13, 23774 Heiligenhafen, T. 04362 2232, www.fisch-huette.de) mit eigener Fischräucherei können Sie in rustikalem Ambiente Fischgerichte speisen oder Fisch mit auf den Weg nehmen.

Auch im „Fischerstübchen" (Thulboden 53, 23774 Heiligenhafen, T. 04362 502480) nahe dem Wilhelmsplatz geht es in erster Linie um die maritimen kulinarischen Köstlichkeiten.

Wasservogelreservat Wallnau auf Fehmarn

Den Begriff der Vogelfluglinie verbinden viele mit der touristischen Reiseroute über Fehmarn nach Skandinavien. Der eigentliche Ursprung dieser Bezeichnung liegt aber in der großen Bedeutung der Ostseeinsel als Brückenkopf für Landvögel, die von Skandinavien über die Ostsee ziehend überwiegend die Insel Fehmarn ansteuern und dann über Land weiterfliegen. Fachleute schätzen, dass über 100 Millionen Vögel jedes Jahr Fehmarn auf ihrem Zug berühren, wobei ein großer Teil sogar nachts zieht. Aber selbst zu dieser Zeit können kundige Ornithologen die Vögel anhand ihrer Rufe bestimmen. Im NSG „Wallnau/Fehmarn" machen viele der Zugvögel Rast. Das Teich-, Wiesen und Strandwallgelände ist aber auch als Brutgebiet und wichtiger Lebensraum für zahlreiche weitere Tier- und Pflanzenarten bedeutsam. In dem vom NABU betreuten Gebiet werden ein Informationszentrum und ein 10 Hektar großer Naturlehrpfad mit Aussichtsturm und Beobachtungshütten betrieben. Für Besucher ist das Wasservogelreservat Wallnau zusammen mit den weiteren Küstenlebensräumen der Westküste Fehmarns ein lohnendes Ausflugsziel für Vogelbeobachtung, Naturerlebnis und Umweltpädagogik.

Wasservogelreservat Wallnau

Entsprechend der großen Bedeutung, die die Insel Fehmarn für den Vogelzug hat, sind das Phänomen Fliegen sowie der Vogelzug wichtige Themenschwerpunkte der Ausstellung im Haupthaus des Ausstellungsareals im Wasservogelreservat Wallnau.
Der Bau der Federn, die Leichtigkeit des Knochenbaus und die Konstruktion der Flügel sind ingenieurmäßige Meisterleistungen der Natur, die sich der Mensch auch immer wieder als Vorbild für technische Fluggeräte nimmt. So von der Natur zu lernen wird als „Bionik" bezeichnet, eine Wissenschaft im Grenzbereich von Natur und Technik.
Ebenso interessant ist das Phänomen des Vogelzugs: Wer zieht wann wohin, warum ziehen die Vögel und wie orientieren sie sich? Das sind nur einige der Fragen, auf die man im Informationszentrum in Wallnau Antworten auf aktuellem Wissensstand bekommt. Darüber hinaus wird die Geschichte des ehemaligen Teichguts Wallnau und des Naturschutzes in dem Gebiet dargestellt.
Aber auch Problemfelder werden angegangen, wie Tourismus, Windkraft und die geplante feste Fehmarnbeltquerung von Dänemark nach Feh-

Viele Informationen unter anderem zu den Themen Vögel, Fliegen und Vogelzug erwarten den Besucher im Informationszentrum des Wasservogelreservats Wallnau.

marn, bei der die Naturschützer erhebliche negative Auswirkungen auf die Vogelwelt befürchten.
Im Außengelände sind für Ornithologen die in die Landschaft eingelassenen Hütten interessant, in denen man durch kleine aufklappbare Schlitze die Vögel an den Teichen, Sandufern und Wiesen beobachten und fotografieren kann. Diese sogenannten Hides werden ergänzt durch einen Beobachtungsturm, offene Teiche und einen Schilfgürtel mit begehbarem Steg, sodass sich vielfältige Möglichkeiten für Vogelbeobachtungen ergeben. Die Ausstellungsbetreiber sprechen vom umgekehrten Zooprinzip: Die Tiere sind frei und können beobachtet werden, wobei die Beobachter eher in einer kleinen Versteckhütte gefangen sind. Ein Bienengarten mit Nisthilfen und Wildbienen-Infos, eine Klangsäule, ein Strömungstisch, ein Tast- und Schnupperpfad, ein Schauteich und zahlreiche naturkundliche Informationen machen den Besuch des Naturschutzgebiets und der Ausstellung zur ebenso erlebnis- wie lehrreichen Veranstaltung.
Im Hauptgebäude kann man sich noch mit Informationsmaterial eindecken, und im Bistro stärkt man sich bei einem Kaffee oder Tee, den man im Innern oder auf der Terrasse genießen kann. Auf dem Fernsehbildschirm laufen dazu keine Fußballspiele oder Krimis, sondern Live-Bilder von der Kormoran-Webcam aus der nahen Brutkolonie.

Es gibt in Burg auf Fehmarn weitere Ausstellungen für naturkundlich Interessierte:
Das Meereszentrum Fehmarn (Gertrudenthaler Straße 12, 23769 Fehmarn-Burg, T. 04371 4416, www.meereszentrum.de) ist ein Großaquarium mit einer gigantischen tropischen Meerwasseranlage von über 4 Millionen Litern Wasser. Vor allem die Themen Korallenwelten und Haiwelten werden präsentiert.
Im Schmetterlingspark (Mummendorfer Weg 11 b, 23769 Fehmarn-Burg, T. 04371 8893363, www.schmetterlingspark-fehmarn.de) sind unter Bananen-, Zitronen-, Feigen- und Olivenbäumen bunte tropische Schmetterlinge zu bewundern.
Die Galileo-Wissenswelt auf demselben Gelände (Mummendorfer Weg 11 b, 23769 Fehmarn-Burg, T. 04371 864446, www.galileo-fehmarn.de) besteht aus drei Teilbereichen: Technik & Logik, Erde & Leben und Übersee. Es ist ein Mitmach-Museum für Kinder, die sich für Technik, Naturkunde, Physik, Geologie und andere Themen interessieren oder deren Interesse hier geweckt werden könnte.
Neu ist am Hafen Burgstaaken das Museum zur Entdeckung des Unsichtbaren „Das Dunkel-Experiment“ (www.dunkelexperiment.de).

Info

NABU-Wasservogelreservat Wallnau, Informationszentrum, Wallnau 4, 23769 Fehmarn, T. 04372 1002, mail@NABU-Wallnau.de, www.NABU-Wallnau.de

Anreise

Mit der Bahn kann man bis Burg oder Puttgarden fahren. Von Puttgarden geht es dann per Rad oder zu Fuß immer an der Küste im Norden entlang nach Wallnau (ca. 18 Kilometer) oder von Burg über Petersdorf und Bojendorf nach Wallnau (ca. 15 Kilometer). Linienbusanschluss ist nicht vorhanden, aber es gibt einen Bürgerbus (www.buergerbus-fehmarn.de). Mit dem Pkw verlässt man die B 207, wenn man auf die Insel kommt, an der ersten Ausfahrt und fährt über Landkirchen nach Petersdorf und weiter nach Bojendorf. Den Ausschilderungen folgend gelangen wir dann auf den Parkplatz, der direkt am Eingang zum Wasservogelreservat Wallnau liegt.

Schutzgebiet

Die ehemaligen Fischzuchtareale des Teichguts Wallnau konnten 1975 vom NABU erworben werden und werden seither im Sinne des Naturschutzes entwickelt, um attraktive Lebensräume für die Flora und Fauna – insbesondere die Vogelwelt – zu schaffen. Bereits 1977 wurde das NSG „Wallnau/Fehmarn“

Ungestörte offene Wasserflächen, kleine Inseln, Röhrichte, Feuchtwiesen und Strandwälle prägen das Bild des Naturschutzgebiets „Wallnau/Fehmarn".

ausgewiesen, das eine Fläche von etwa 300 Hektar umfasst, weitere 42 Hektar konnten noch von der Stiftung Naturschutz Schleswig-Holstein im Umfeld dazugepachtet werden. 10 Hektar des Gebiets sind für Besucher zugänglich, der Rest bleibt im Wesentlichen der Natur vorbehalten. Das Naturschutzgebiet ist auch Teil des Europäischen Schutzgebietsnetzes NATURA 2000. Um eine Verschilfung und Verbuschung zu verhindern und um das Gebiet für Küstenvögel attraktiv zu halten, werden die Flächen mit Galloways und Koniks beweidet. Das fördert auch interessante Pflanzenarten wie den Stacheligen und den Kriechenden Hauhechel, die Wiesenflockenblume und verschiedene Distelarten. Neben den offenen Wasserflächen der Teiche und Gräben sind Schilfröhrichte, Feuchtwiesen und Strandwälle die wichtigsten Lebensräume in Wallnau. Etwa 60 Brutvogelarten ziehen ihre Jungen in den unterschiedlichen Biotopen des Naturschutzgebiets auf, und für den intensiven Vogelzug auf der Insel sind die ungestörten Wasser- und Wiesenflächen Wallnaus von großer Bedeutung als Rast- und Nahrungsgebiete. 250 unterschiedliche Vogelarten kann man übers Jahr in Wallnau beobachten. Auch die Amphibien fühlen sich hier wohl; vor allem die hohen Bestandszahlen der Wechselkröten erfreuen die Naturschützer.

Tourmöglichkeiten

Von den „Hides" aus entdeckt man Seevögel wie diesen Säbelschnäbler.

Die gesamte Nord- und Westküste der Insel Fehmarn ist ein Paradies für Ornithologen. Übers Jahr kann man hier fast die Hälfte aller europäischen Vogelarten beobachten. Vom Wasservogelreservat Wallnau kann man an der Küste entlang sowohl nach Norden als auch nach Süden Wanderungen oder Radtouren unternehmen.

Nördlicher Binnensee

Gen Norden geht es am Strandufer oder am Deich entlang, den Fastensee passierend nach Westermarkelsdorf und zum Nördlichen Binnensee. Wer will, kann die Tour an der Nordküste bis nach Puttgarden fortsetzen und hat so die Möglichkeit, auch dem NSG „Grüner Brink" mit seinen interessanten Strandseen und Strandwällen kurz vor dem Fährhafen noch einen Besuch abzustatten (dann insgesamt ca. 18 Kilometer).

NSG „Krummsteert/ Sulsdorfer Wiek"

In Richtung Süden geht es zum NSG „Krummsteert/Sulsdorfer Wiek" (ca. 5 Kilometer von Wallnau). Hierzu begeben wir uns auf den Deich Richtung Süden und kommen neben interessanten Strandwallbereichen auch am Jimmy-Hendrix-Denkmal vorbei, das an das letzte Konzert des Musikers auf dem Love-and-Peace-Festival, das 1970 auf Fehmarn stattfand, erinnert. Vorbei am Campingplatz erreichen wir den Parkplatz, von dem es zum Flügger Leuchtturm geht.
Von dem Turm aus hat man einen herrlichen Blick auf die Küstenlandschaft des Krummsteert und versteht, wie der Sandtransport und

Ein Aufstieg auf den Flügger Leuchtturm lohnt sich.

Schöne Rad- und Wanderwege führen an den Küsten Fehmarns entlang, an denen zahlreiche Vogelarten zu Hause sind.

die Küstenbildung funktionieren und was mit einer „Ausgleichsküste“ gemeint ist.
Das Naturschutzgebiet selbst darf ganzjährig nicht betreten werden. Die sensiblen und stark gefährdeten Zwergseeschwalben brüten am Strand, ebenso wie Sandregenpfeifer und Austernfischer. Ebenfalls brüten einige Brandgänse in den hier zahlreichen Kaninchenbauten. Stranddisteln und Meerkohl blühen auf den Strandwällen. Für die Rückkehr nach Wallnau kann man entweder direkt am Strand entlanggehen oder etwas im Binnenland über Püttsee.

Einkehrmöglichkeiten
Im „NABU-Wallnau Shop und Bistro“ im Informationszentrum (Wallnau 4, 23769 Fehmarn, T. 04372 1002, www.wallnau.nabu.de/wallnaubesuch/shop) bekommen Sie Latte Macchiato, Cappuccino, Tee oder Kaltgetränke – alles Bio, ebenso wie die Kuchen, Torten und sonstigen Speisen, bei denen unter anderem das Feisch der Galloways auf den eigenen Weiden verarbeitet wird. Die Bioland-Produkte von den Wallnauer Salzwiesen-Galloways sind auch im Shop zum Mitnehmen im Angebot.

Haus der Natur in Cismar

Im Ortskern von Cismar, nur 150 Meter entfernt vom bekannten gleichnamigen Kloster, finden wir das Haus der Natur, ein interessantes naturkundliches Museum, das nicht nur durch seine wissenschaftlichen Arbeiten, Schriften und Sammlungen, sondern auch durch seine zahllosen Ausstellungsstücke zu den *Mollusca*, wie die Weichtiere wissenschaftlich genannt werden, weit über die Region hinaus bekannt ist. Zu den Weichtieren zählen neben den Tintenfischen vor allem die Muscheln und Schnecken, die den Schwerpunkt der Ausstellung bilden. Mit mehr als 5000 ausgestellten Arten ist sie die größte Muschel- und Schneckenausstellung Deutschlands. Auch einen Besuch des ehemaligen Benediktinerklosters mit dem berühmten Altar und dem umgebenden Naturpfad sollte man sich nicht entgehen lassen.

Haus der Natur – Cismar

Das privat betriebene Museum ist seit 1979 für die Öffentlichkeit zugänglich und gewährt dem Besucher auf über 500 Quadratmetern Ausstellungsfläche einen faszinierenden Einblick in die Artenvielfalt nicht nur unserer Region, sondern weit darüber hinaus. Raum für Raum gibt es andere Tiergruppen, die in Bildern, Präparaten und Modellen vorgestellt werden. Zehntausende von Einzelstücken umfasst der Museumsbestand. Neben Steinen, Fossilien, Bernstein, Pflanzensamen und -früchten sind es vor allem Tier-Exponate, die in der Ausstellung zu finden sind.

An Präparaten heimischer Vögel, Säugetiere, Amphibien und Reptilien kommt man ebenso vorbei wie an Kästen mit Tieren aus der großen Gruppe der Gliederfüßer, zu der die Krebse, Spinnentiere, Insekten und andere gehören. Farbenprächtige und vielgestaltige Spinnen, Libellen, Schmetterlinge und Käfer, wie Nashornkäfer, Rosenkäfer, Hirschkäfer, Bockkäfer und Laufkäfer, geben einen Eindruck von der Vielgestaltigkeit des Lebens auf unserer Erde. Dieser Eindruck wird noch verstärkt, wenn man sich in die zweite Etage begibt und im Herzstück der Museumsausstellung die ganze Vielfalt der Weichtiere erblickt.

Die *Mollusca* sind mit weltweit etwa 135 000 Arten immerhin der zweitgrößte Tierstamm auf der Erde. Ihren weichen Körper schützen die meisten Arten dieser Gruppe durch eine fest mit dem Tier verwachsene harte Schale. Das ist das, was wir alle als Schneckengehäuse und Muschelschale von Beobachtungen im Garten oder Strandwanderungen her kennen.

Hier in Deutschlands größter Muschel- und Schneckenausstellung

kann der Besucher erst richtig erkennen, welche Schönheit, Farbenpracht und Variantenfülle in dieser Tiergruppe steckt. Von sandkornkleinen Exemplaren bis zur einen Meter langen Riesenmuschel geht das Größenspektrum. Man findet glatte und mit bizarren Anhängen versehene Exemplare, schlicht schwarz-weiß gezeichnete ebenso wie rote, gelbe oder blaue Gehäuse und Schalen mit teilweise einfallsreichen Mustern, Bändern und Zeichnungen.
Zahlreiche Informationen zur Ökologie, Verbreitung und Bedeutung der Mollusken allgemein und zu einzelnen Arten im Besonderen gibt es auf Infotafeln und interessanten Erläuterungen. An Binokularen oder mit Lupen können sich die Besucher auch kleinere Tiere und Details genauer ansehen.

Das, was der Besucher hier zu sehen bekommt – so umfangreich und überwältigend es ist –, stellt nur einen kleinen Teil des Gesamtbestands dar. Die wissenschaftliche Sammlung der Weichtiere in diesem Museum umfasst mehrere Millionen Exemplare, womit diese Kollektion im Haus der Natur zu den größten privaten Sammlungen dieser Tiergruppe weltweit gehört.
Weiterführende Informationen liefern die zahlreichen Schriften und Veröffentlichungen des Museums. So erscheint jeden Monat ein Blatt mit kompakten Informationen zu einer Tier- oder Pflanzenart, das vom Verein zur Förderung der Naturkunde in Cismar e. V. herausgegeben wird und am Infotresen erworben werden kann. Vortragsveranstaltungen, Führungen, Seminare und Kurse für

Harte Schale, weicher Kern: Die faszinierende Vielfalt der Schnecken und Muscheln steht im Mittelpunkt der naturkundlichen Ausstellung im Haus der Natur in Cismar.

Gruppen und pädagogische und ökologische Arbeiten im Gelände gehören ebenso zum Programm wie einige Male im Jahr wechselnde Sonderausstellungen zu Natur und Kultur. Besonders beliebt ist die jährliche Ausstellung zu Gewürzen und Düften, die in der Adventszeit stattfindet.
Einen Besuch des historischen Kloster-Kräutergartens am Museum sollte man ebenso einplanen wie einen Abstecher zum Naturlehrpfad im Klosterpark des Klosters Cismar.

Info

Haus der Natur – Cismar, Dr. Vollrath Wiese, Bäderstraße 26, 23743 Cismar, T. 04366 1288, info@hausdernatur.de, www.hausdernatur.de

Stiftung Schleswig-Holsteinische Landesmuseen Schloß Gottorf – Kloster Cismar, Bäderstraße 42, 23743 Cismar, T. 04366 1080, www.kloster-cismar.de

Anreise

Das Haus der Natur befindet sich direkt an der durch den Ort Cismar führenden B 501, die von der A 1 bei Neustadt i. H. nach Heiligenhafen führt. Das Museum befindet sich im Ortskern 150 Meter vom Kloster Cismar entfernt.

Tourmöglichkeiten

Klosterpark Cismar

Auf dem einige Hundert Meter umfassenden Naturlehrpfad durch den Klosterpark in Cismar werden die Tiere und Pflanzen in Tafeln vorgestellt, und es gibt Informationen zu den jeweiligen Arten. So findet man unter den Bäumen Rotbuche, Stieleiche, Hainbuche, Esche, Bergulme und Feldahorn und bei den Sträuchern unter anderem Weißdorn, Hasel, Schneebeere, Holunder, Kartoffelrose und Roten Hartriegel. Neben den Blütenpflanzen und Insekten, Amphibien und Reptilien werden auch die Wasservögel wie Stock-, Schnatter-, Reiher- und Tafelente, Bläss- und Teichhuhn sowie Kormoran vorgestellt. Auch Kleinvögel wie Kleiber, Buntspecht, Gartenbaumläufer, Star, Feldsperling, Singdrossel und Mönchsgrasmücke können im Gebiet beobachtet werden. Nach dem Rundgang kann man dem Kloster einen Besuch abstatten und im gemütlichen Klostercafé einkehren.

Grömitz

Von Cismar ist die Ostsee gut 4 Kilometer entfernt und lässt sich über einen Wanderweg auf ziemlich direktem Wege vom Kloster bis zum Lensterstrand erreichen, von wo es an der Ostsee entlang nach Grömitz bis zur Seebrücke weitergeht.

Wer die Unterwasserwelt der Ostsee direkt in ihrem Lebensraum erleben möchte, kann mit der Tauchgondel Grömitz an der Seebrücke der Kurpromenade des Kurorts einen Tauchgang in die Tiefe wagen (www.tauchgondel.de).
Im Grömitzer Zoo-Park Arche Noah (Mühlenstraße 32, 23743 Grömitz, T. 04562 5660, www.zoo-arche-noah.de) können auf einer Fläche von 100 000 Quadratmetern 300 Tiere aus aller Welt hautnah erlebt werden. Ein Schimpansenhaus, eine Australienanlage, eine begehbare Haustieranlage, Seehunde und Löwen gehören ebenso zu den Attraktionen wie ein Bienenhotel, ein großer Spielplatz und eine Kindereisenbahn. So kommen hier auch die Jüngsten auf ihre Kosten.

Von Grömitz kann man entweder per Bus nach Cismar zurückkehren, oder für den Wanderer geht es an der Nicolaikirche nahe dem Zoo-Park Arche Noah vorbei über Sandberg, Stadtfurth und Lensterbek zurück nach Cismar (insgesamt eine etwa 16 Kilometer lange Rundtour).

Einkehrmöglichkeiten
Das Klostercafé (Bäderstraße 42, 23743 Cismar, T. 04366 888881, www.kloster-cismar.de/cafe) befindet sich in einem Nebengebäude des Klosters mit anliegender gemütlicher Terrasse, auf der man den hausgebackenen Kuchen oder warme Mahlzeiten, wie Eintöpfe aus der Bistro-Küche, genießen kann.

Das zwischen 1245 und 1561 von Benediktinermönchen bewohnte Kloster Cismar ist heute eine Zweigstelle des Landesmuseums Schleswig-Holstein.

Travemünde mit Priwall, Brodtener Steilufer und Dummersdorfer Ufer

Travemünde, „Lübecks schöne Tochter“ ist einer der traditionsreichsten Badeorte der Ostsee. Das anerkannte Heilbad besitzt nicht nur den ältesten Leuchtturm und einen der letzten Frachtsegler Deutschlands, die 1911 vom Stapel gelaufene, seit 1960 als Ausstellungsschiff an der Travemündung liegende Viermastbark „Passat“, sondern auch eine der eindrucksvollsten Strandpromenaden. Dort ist immer eine Menge los, und es herrschen touristischer Trubel und Einkaufsgedränge. Wer es etwas beschaulicher und naturkundlich interessanter mag, der sucht die Ufer der nahe gelegenen Priwall-Halbinsel, das Brodtener Steilufer nördlich von Travemünde oder das traveaufwärts liegende Dummersdorfer Ufer auf. Etwas Ruhe, Natur und beeindruckende Landschaftsansichten zu finden ist in diesen von Travemünde aus gut erreichbaren Schutz- und Ausflugsgebieten garantiert.

Die Viermastbark „Passat“ ist das Wahrzeichen Travemündes.

Ostseestation Priwall

Die seit dem Jahr 2007 bestehende Ostseestation Priwall ist eine Mischung aus Umweltzentrum und Meeresaquarium, in dem die heimische Ostsee-Flora und -Fauna präsentiert wird. Die bekannten Meerestiere wie Fische, Krebse, Schnecken und Seesterne lernt man kennen, aber man bekommt auch Einblicke in die vielgestaltige treibende Welt des Meeres, das sogenannte Plankton.
Die Besucher können die im Meer umhertreibenden kleinen Algen, Krebse und Larven unter einem Mikroskop anschauen und so in eine ganz eigene Welt des marinen Mikrokosmos eintauchen. Auch Nesseltiere, mit denen manche schon unliebsame Erfahrungen beim Baden gemacht haben und die als festsitzende Polypen oder frei schwimmende Quallen im Meer anzutreffen sind, werden erklärt. Schwämme gibt es nicht nur im Badezimmer, sondern die ebenso einfach gebauten wie interessanten Tiere sind weltweit mit über 8000 Arten vertreten.
Laufend starten neue Führungen durch die Ausstellung, und die Betreuer freuen sich über Fragen der

Das am Westufer der Trave zwischen Travemünde und Lübeck gelegene Dummersdorfer Ufer beeindruckt durch seine Landschafts- und Lebensraumvielfalt.

Besucher zu ihren Ausstellungs- und Forschungsobjekten. Kescherkurse, Strandwanderungen, Projekttage und zahlreiche Sonderveranstaltungen runden das Programm der Ostseestation ab.

Naturwerkstatt Priwall

In der Naturwerkstatt Priwall, die vom Landschaftspflegeverein Dummersdorfer Ufer e. V. betrieben wird, der auch die Naturschutzgebiete „Südlicher Priwall", „Dummersdorfer Ufer" und weitere betreut, kann man sich vor oder nach einer Priwall-Wanderung informieren. Ein Luftbild vom Priwall ist zu sehen, ein Landschaftausschnitt zeigt typische Lebensräume der Ostsee wie Salzwiesen und Windwatten. Zudem findet man Vogelpräparate einiger der auf dem Priwall oder in umliegenden Ostseeküsten-Lebensräumen brütenden Arten wie Sandregenpfeifer, Flussregenpfeifer, Rotschenkel, Kiebitz, Flussseeschwalbe und Austernfischer. Insgesamt brüten 40 Vogelarten in dem Gebiet.
Die im Aufbau befindliche Ausstellung liegt im Gebäude der Naturwerkstatt, die vor allem für Veranstaltungen genutzt wird und als Startpunkt für Führungen sowie als Station für die betreuenden Naturschutzmaßnahmen auf dem Priwall dient.

Info

Ostseestation Priwall, voraussichtliche Neueröffnung im Sommer 2017: Promenade 29–31, 23570 Travemünde, T. 04502 308705, info@ostseestation-priwall.de, www.ostseestation-priwall.de

Naturwerkstatt Priwall, Fliegerweg 5–7, 23570 Travemünde-Priwall, T. 04502 9996465, nwp@dummersdorfer-ufer.de

Naturschutzstation Dummersdorfer Ufer/Landschaftspflegeverein Dummersdorfer Ufer e. V, Resebergweg 11, 23569 Lübeck, T. 0451 301705, lpv@dummersdorfer-ufer.de, www.dummersdorfer-ufer.de

Anreise

Die Ostseestation und die Naturwerkstatt Priwall erreichen Sie in wenigen Gehminuten vom Hafenbahnhof in Travemünde über die Autofähre auf den Priwall. Mit der kleinen, saisonal betriebenen Personenfähre

Per Fähre kommt man von Travemünde auf die Priwall-Halbinsel.

an der Travemünder Mole können Sie sich auch übersetzen lassen.
Mit dem Pkw parkt man am besten auf einem der Großparkplätze in Travemünde und begibt sich zu Fuß zur jeweiligen Priwall-Fähre.
Vom Strandbahnhof in Travemünde kann man gut zu einer Wanderung zum Brodtener Steilufer starten oder man fährt direkt zum Aussichtspunkt „Hermannshöhe". Das Dummersdorfer Ufer kann man per Bus von Lübeck aus erreichen (www.sv-luebeck.de) oder man fährt mit dem Pkw von Lübeck kommend vor Travemünde in Kücknitz von der B 75 ab zum Parkplatz Hirtenbergweg, von dem aus man zu Wanderungen ins Gebiet starten kann.

Schutzgebiete

Der Priwall ist eine 3 Kilometer lange Halbinsel in der Travemündung, deren südlicher Teil auf einer Fläche von 148 Hektar 1998 als NSG „Südlicher Priwall" ausgewiesen wurde. Neben Feuchtwäldern und -weiden, Sanddorngebüschen, Trockenrasen und Kleingewässern gehören auch salzbeeinflusste Lebensräume wie Brackwasserröhrichte, Strände und Salzwiesen zum Gebiet. Durch das Mosaik der Lebensräume finden wir hier interessante Pflanzengesellschaften, in denen beispielsweise das Kegel-Leimkraut zu finden ist.
Zusammen mit dem Priwall gehören weitere Areale in der Travemündung wie das NSG „Dummersdorfer Ufer" und die benachbarten Schutzgebiete

„Pötenitzer Wiek“ und „Dassauer See“ zum Europäischen Schutzgebietssystem NATURA 2000. Es ist ein wichtiges Rastgebiet für durchziehende Vogelarten wie Singschwan, Gänsesäger, Bläss- und Saatgans sowie Reiher-, Berg-, Schell- und Tafelente.
Das Brodtener Steilufer ist ein etwa 4 Kilometer langer Küstenstreifen zwischen Niendorf und Travemünde. Teile sind als Landschaftsschutzgebiet „Brodtener Winkel“ ausgewiesen, und es ist zudem Europäisches Vogelschutzgebiet, wozu auch die vorgelagerten Flachwasserzonen der Ostsee gehören. Etwa 2000 bis 3000 Uferschwalbenpaare brüten im Steilufer, das damit eine der größten Kolonien dieser Art in Deutschland ist.

Das traveaufwärts gelegene NSG „Dummersdorfer Ufer“ bietet ein schönes Nebeneinander von Lebensräumen im Übergang von salzigen zu ausgesüßten und von trockenen zu feuchten und nassen Biotopen.
Aktive Kliffs und unberührte Strandabschnitte gehen fließend über in eine bunte Kulturlandschaft aus Mager- und Trockenrasen sowie Niederwäldern. Die Beweidung und damit die Landschaftspflege erfolgt vor allem durch Heidschnucken und Pommernschafe. Auf den Trockenrasen wachsen Hundszunge, Heide-Nelke und Sand-Strohblume, im Hangwald finden wir Leberblümchen; auch Zauneidechse und Laubfrosch fühlen sich im Gebiet wohl, ebenso die Brutvogelarten Sperbergrasmücke, Brandgans und Mittelsäger.

Schöne Wanderungen sind am Brodtener Steilufer möglich, entweder am Strand oder an der Oberkante des Steilufers.

Tourmöglichkeiten

Priwall

Die Umrundungsstrecke des südlichen Priwalls beträgt gut 4 Kilometer und führt von der Naturwerkstatt zunächst durch ökologisch bewirtschaftete Waldareale vorbei an der zentralen Weide ans Ufer der Halbinsel. Dort am Strand können Sie mal ins Angespül schauen und erkennen den marinen Einfluss: Sie finden Schalen der typischen Meeresbewohner Sandklaff-, Herz-, Mies- und Baltische Tellmuschel, die alle auch an der Wattenmeerküste der Nordsee leben.
Vorbei an einem kleinen Aussichtspodest, hübschen Kopfweiden und den Weg säumenden Sanddornbüschen und Pappelgehölzen erreichen Sie über einen Steg durchs Röhricht die Trave-Promenade und kehren mit Blick auf den Skandinavienkai, den größten Fährhafen an der deutschen Ostseeküste, zurück zur Naturwerkstatt.
Wenn noch Zeit ist, sollte man sich die Besichtigung der Viermastbark „Passat" nicht entgehen lassen (Am Priwallhafen 16, 23570 Travemünde, T. 04502 5287, www.ss-passat.com).

Brodtener Steilufer

Für die Wanderung am Brodtener Steilufer bietet sich der Wanderweg an der Oberkante des Steilufers an, weil man hier einen schönen Panoramablick auf die Ostsee und entlang der Steilküste hat. Vom Travemünder Strandbahnhof sind es bis zum Restaurant „Hermannshöhe" etwa 3 Kilometer. Man kann auch an der Küste weiterwandern und erreicht nach insgesamt 10 Kilometern Timmendorfer Strand, von wo die Rückkehr per Bus oder Bahn möglich ist. Auch eine Rückwanderung von der Hermannshöhe über Brodten im Binnenland oder eine Wanderung an der Unterseite des Steilufers am Strand sind möglich. Der wegen der zahlreichen Steine und Feuchtstellen etwas unwegsame Abschnitt hat vom Wildnischarakter her den höchsten Reiz: Findlinge und herabgestürzte Bäume liegen am Strand, ebenso wie Treibholz, Algen und herabgebrochene Teile des Steilufers.

Gut ausgebaute Wanderwege führen durch den südlichen Priwall (Foto), am Ufer der Trave und an den Flachwasserzonen der Pötenitzer Wiek entlang.

Dummersdorfer Ufer

Als Startpunkt zur Erkundung des Dummersdorfer Ufers ist der zentrale Parkplatz am Hirtenbergweg in Lübeck-Kücknitz geeignet. Die Ufer sind aus Naturschutzgründen zum größten Teil für Besucher gesperrt, aber man kann am hohen Ufer sehr schön entlangwandern und findet im Süden und Norden des Gebiets jeweils kleinere Aussichtstürme, wobei vor allem der nördliche einen herrlichen Blick auf die Trave, den Priwall und die Pötenitzer Wiek ermöglicht.
Weitere Wanderwege sind ausgeschildert und führen auch durchs Hinterland des Landschaftsschutzgebiets „Dummersdorfer Feld". Am Hirtenberg mit der Landspitze Stülper Huk kann man interessante Trockenrasen besichtigen, den Ausblick genießen und auch am Strandufer ein Stück wandern.
In der Naturschutzstation Dummersdorfer Ufer und dem anliegenden Naturerlebnisraum „Schafberg Dummersdorf" hat der Landschaftspflegeverein seinen Sitz, und es finden zahlreiche Veranstaltungen statt, unter anderem zur Umweltbildung und zum Naturerleben.

Hemmelsdorfer See

Neben Teilstrecken auf dem „Ostseeküsten-Radweg" (www.ostseekuesten-radweg.de) gibt es die Möglichkeit, auf einer ca. 30 Kilometer langen Tour den westlich von Travemünde gelegenen Hemmelsdorfer See zu umrunden. Nach Umfahren des See-Südzipfels kommt man über das NSG „Aalbek-Niederung" und Niendorf (siehe nächste Tour, S. 82) am Brodtener Steilufer entlang wieder nach Travemünde.

Einkehrmöglichkeiten

Das Restaurant und Erlebniscafé „Hermannshöhe" (Hermannshöhe 1, 23570 Travemünde, T. 04502 8885425, info@die-hermannshoehe.de, www.die-hermannshoehe.de) bietet unter anderem traditionelle Holsteiner Küche und Frühstücks-Schlemmerbuffet am Wochenende; großes Angebot für Kinder und verschiedene Sonderveranstaltungen wie Matjeswochen, Mittsommer-Vergnügen und anderes.

Im Restaurant „Vineta" (Europaweg 7, 23570 Travemünde, T. 04502 998085, info@vineta-trave.de, www.vineta-trave.de) im Pommernzentrum bekommen Sie gutbürgerliche Küche, vor allem mit Fisch-, aber auch verschiedenen Fleischgerichten. Unter anderem wird hier das Bio-Fleisch der am Dummersdorfer Ufer grasenden Pommernschafe verarbeitet.

Timmendorfer Strand und Niendorf

Von der heimischen Seegraswiese in der Ostsee bis zu den Ozeanen der Tropen kann der Besucher des „Sea Life"-Aquariums in Timmendorfer Strand schöne Einblicke in die Unterwasserwelt ganz unterschiedlicher Regionen und Lebensräume unserer Erde bekommen. Im nahe gelegenen Vogelpark Niendorf sind es die Bewohner der Lüfte, die die Besucher begeistern: 300 unterschiedliche Vogelarten aus aller Welt, darunter die größte Sammlung lebender Eulen, können bestaunt werden. Eine kleine Wanderung zur Aalbek-Niederung oder eine Umrundung des Hemmelsdorfer Sees stellen eine schöne Ergänzung des Besuchs der beiden Ausstellungen dar.

„Sea Life" Timmendorfer Strand

Die professionell gestaltete Ausstellung im „Sea Life"-Aquarium entführt bereits seit 1996 die Besucher in die verschiedenen Unterwasser-Lebensräume unserer Meere. Seewölfe, Piranhas, Rotfeuerfische und Haie sind ebenso zu bestaunen wie riesige Meeresspinnen, Ohrenquallen, Meeresschildkröten und achtarmige Oktopusse. Sehr beliebt ist das Berührungsbecken, in dem man zu einigen Meerestieren haptischen Kontakt aufnehmen kann. Wie fühlen sich Seesterne, Seeanemonen oder Krebse an und wie reagieren sie auf Berührung? Das sind nur einige der Fragen, auf die die Ausstellungsbetreuer gern Antworten geben.
Im Regenwald gibt es auch Landtiere wie den riesigen Bindenwaran, die mächtige Würgeschlange Boa constrictor (Abgottschlange) oder die munteren Zwergottern zu sehen, und man erfährt etwas über die Vernichtung dieses Lebensraums und den damit verbundenen Artenverlust auf der Erde. Die Hälfte aller weltweit bekannten Tier- und Pflanzenarten leben in tropischen Regenwäldern. „Sea Life" beteiligt sich an unterschiedlichen Projekten zum Erhalt der Artenvielfalt und hat eine eigene Organisation gegründet, die sich dem Schutz des Lebensraums Meer widmet. Bei Seepferdchen, Meeresforellen und bestimmten seltenen Haiarten wie den Schwarzspitzen-Riffhaien ist das „Sea Life" an Zuchtprogrammen beteiligt.
Den Fütterungen der Meerestiere beizuwohnen und einen Blick hinter die Kulissen zu werfen ist bei den Besuchern ebenso beliebt wie die wechselnden Sonderausstellungen. Höhepunkt des Rundgangs durch die Meereswelten ist der große gläserne Unterwassertunnel des Ozeanbeckens, in dem Grüne Meeresschildkröten, riesige Haie und Rochen gemächlich über und neben den Besuchern vorbeigleiten.

Impressionen des Regenwaldes und eine Reise durch die Weltmeere und ihre Unterwasserwelt erwarten den Besucher im „Sea Life“ Timmendorfer Strand.

Vogelpark Niendorf

Den Vögeln der Nacht können Sie im Vogelpark Niendorf mit seinen zahlreichen Eulenarten Aug in Aug gegenübertreten. Neben Malaien-Fischuhus, Schneeeulen und Brasilzwergkäuzen kann man die heimischen Waldohreulen, Europäische Uhus und Steinkäuze aus der Nähe beobachten. Auf dem rund 70 000 Quadratmeter großen Gelände des Tierparks, das in der Aalbek-Niederung gelegen ist, tummeln sich etwa 1200 Vögel aus 300 Arten.

Die Vögel des Glücks, die Kraniche, sind im Park besonders häufig vertreten. Von den weltweit 15 vorkommenden Arten sind 10 im Park anzutreffen und vermehren sich auch zum Teil. So stolzieren neben unserem heimischen Europäischen Kranich auch Kanda-, Weißnacken-, Jungfern-, Kronen- und Paradies-Kraniche durchs Gelände.

Bei den Greifvögeln beeindrucken uns Mönchs-, Gänse- und Schneegeier sowie Andenkondor ebenso wie Adlerbussard, Mäusebussard und Sekretär. Auch bei den Störchen kann der Vogelpark Niendorf mit 15 der weltweit 19 vorkommenden Arten die größte Kollektion Europas präsentieren. Wald- und Sattelstorch, Mohrenklaffschnabel-Storch und Afrika-Nimmersatt sind zu sehen und auch die beiden heimischen Arten, Weiß- und Schwarzstorch.

Unter den Vögeln gibt es viele Nutz- und Haustiere des Menschen, von

Flamingos und zahlreiche weitere Vogelarten aus der ganzen Welt und der heimischen Fauna können im Vogelpark Niendorf bestaunt werden.

denen wir hier einige kennenlernen, zum Beispiel Phönix-Hühner, Helm-Perlhühner, Truthühner, Tauben oder den Blauen Pfau, dessen Männchen nicht nur durch sein grünblau schimmerndes Gefieder beeindruckt, sondern auch durch die langen Oberschwanzdeckfedern mit ihren Augenzeichnungen, die zu einem eindrucksvollen Rad aufgestellt werden können. In begehbaren Gehegen kann man die Tiere ohne störende Gitter und Drähte beobachten. Wenn wir auch die Papageien, Pelikane, Reiher, Hornvögel und Exoten noch bestaunt haben, können wir uns im Café-Pavillon bei selbst gebackenem Kuchen und Kaffee stärken oder dem nahen NSG „Aalbek-Niederung" einen Besuch abstatten.

Info

„Sea Life" Timmendorfer Strand, Kurpromenade 5, 23669 Timmendorfer Strand, T. 01806 66690101 oder 04503 35880, timmendorf@sealife.de, www.sealife.de

Vogelpark Niendorf, An der Aalbek, 23669 Timmendorfer Strand, T. 04503 4740, info@vogelpark-niendorf.de, www.vogelpark-niendorf.de

Anreise

Vom Bahnhof Timmendorfer Strand sind es bis zum „Sea Life" etwa 20 Minuten Fußmarsch; mit dem Auto kommt man über die A 1, Abfahrt Timmendorfer Strand der Ausschilderung folgend zum Parkplatz „Sea Life" P2 (300 Meter Entfernung vom Aquarium).

Den Vogelpark Niendorf erreicht man von den Bahnhöfen Timmendorfer Strand oder Travemünde per Bus oder Fahrrad (siehe Tourmöglichkeiten). Mit dem Pkw fährt man von der A 1 nach Timmendorfer Strand und weiter auf der B 76; der Parkplatz des Vogelparks bei Niendorf liegt direkt an der Bundesstraße; dann sind es nur noch wenige Minuten Fußmarsch bis zum Parkgelände.

Schutzgebiet

In der Aalbek-Niederung befinden wir uns mit durchschnittlich 0,3 Meter über NN an der tiefsten Land-

Verschiedene Feuchtweiden werden am Hemmelsdorfer See nachhaltig von Robustrassen wie den Galloways beweidet.

stelle des deutschen Festlands. Entsprechend feucht kann es hier am Nordufer des Hemmelsdorfer Sees werden, der als ehemaliger Ostseefjord nacheiszeitlich von der Ostsee durch Strandwälle abgetrennt worden ist. Das 349 Hektar große NSG „Aalbek-Niederung" ist Teil des europäischen Schutzgebietsnetzes NATURA 2000 und umfasst neben Flächen des Hemmelsdorfer Sees vor allem als Niedermoor ausgebildete Verlandungsbereiche, zu denen Röhrichtstreifen mit Schilf und Rohrkolben gehören. Hier fühlen sich Rohr- und Schlagschwirl, Rohrdommel, Rohrweihe und Schilfrohrsänger wohl – wie es schon die Namen der Vogelarten andeuten. Weiter landeinwärts prägen Bruchwaldareale mit Erlen, Weiden, Faulbäumen und Moorbirken sowie extensiv beweidete Feuchtgrünländer das Gebiet.

Die Purpurrose gehört zu den Blumentieren des Meeres und kann im „Sea Life" bewundert werden.

Tourmöglichkeiten

Rundtour Aalbek-Niederung

Die beiden erwähnten Ausstellungen in Timmendorfer Strand und in Niendorf kann man durch eine Rundwanderung (ca. 9 Kilometer) verbinden, wobei eine Wegstrecke durch die Niederung der Aalbek führt (auch als Radtour möglich). Wir starten am Parkplatz des Niendorfer Vogelparks und gehen zum Niendorfer Hafen und dann immer an der Ostsee entlang.
In Timmendorfer Strand befindet sich das „Sea Life“ gleich an der Kurpromenade. Vom „Sea Life“ geht es direkt ins Binnenland. An der Fußgängerbrücke überqueren wir die Bäderrandstraße (B 76) und gelangen auf den Wanderweg durch die Aalbek-Niederung. Vorbei an extensiven, verschilften Weiden gelangen wir an eine T-Kreuzung, an der es rechts nach Hemmelsdorf geht und links nach Niendorf.
Für die Hungrigen besteht hier die Möglichkeit, als Abstecher (3 Kilometer hin und zurück) nach rechts wandernd in Hemmelsdorf einzukehren, wo es mehrere Restaurants gibt, unter anderem das direkt am See gelegene „Fisherman's“.
In anderer Richtung nach Niendorf geht es durch die Niederung, wo Sumpfdotterblumen, Bachnelkenwurz, Schwertlilie, Blutweiderich, Bittersüßer Nachtschatten und Sumpffarn unseren Weg säumen.

Vom Aussichtsturm Hermann-Löns-Blick hat man eine schöne Sicht.

Nach Überqueren der Aalbek, die hier aus dem Hemmelsdorfer See in Richtung Ostsee abfließt, erreichen wir den Hermann-Löns-Blick, einen Aussichtsturm, von dem aus man nicht nur den Hemmelsdorfer See mit seinen geschwungenen Schilfufern übersehen kann, sondern auch Teile der Niederung und die umliegenden Bruchwälder. Der weitere Weg führt uns wieder zum Vogelpark und nach Niendorf.

Hemmelsdorfer See

Für Radfahrer gibt es neben Teilstrecken auf dem „Ostseeküsten-Radweg“ (www.ostkuesten-radweg.de) die Möglichkeit, den Hemmelsdorfer See zu umrunden (30-Kilometer-Tour). Hierzu fahren wir zunächst auf der Strecke unserer Wanderung vom Parkplatz des Niendorfer Vogelparks durch die Aalbek-Niederung nach Hemmelsdorf und dann um die Südspitze des Hemmelsdorfer Sees bei Kreuzkamp. Weiter geht es nach Warnsdorf, wo wir „Karls Erlebnishof" mit zahlreichen Attraktionen, Einkaufs- und Einkehrmöglichkeiten passieren – besonders für Kinder gibt es ein abwechslungsreiches Angebot mit Hüpfkissen, Mais-Labyrinth, Tiergehegen und vielem anderen (Fuchsbergstraße 4, 23626 Warnsdorf, www.karls.de/warnsdorf). Wir erreichen dann das Ostseeheilbad Travemünde, von wo es am Brodtener Steilufer an der Ostseeküste entlang wieder nach Niendorf geht (siehe Touren Travemünde, S. 76).

Einkehrmöglichkeiten

Neben den beiden gastronomischen Betrieben der Ausstellungen im „Sea Life" und im Vogelpark Niendorf kann man auf der Tour im Fischereihof direkt am Hemmelsdorfer See in Hemmelsdorf das Restaurant „Fisherman's" besuchen (Seestraße 15, 23669 Timmendorfer Strand, T. 04503 7078780, info@fischereihof-fishermans-hemmelsdorf.de, www.fischereihof-fishermans-hemmelsdorf.de). Dort gibt es ein reichhaltiges Angebot vom Fischbrötchen auf die Hand bis zu regionaltypischen Fischspezialitäten.

Auf dem Hemmelsdorfer See liegt das Restaurant „Fisherman's", von wo aus man den Fischern bei ihrer Arbeit zusehen kann.

Museum für Natur und Umwelt Lübeck

Wale sind einer der Ausstellungsschwerpunkte im Lübecker Museum für Natur und Umwelt. Ein 14 Meter langes Pottwal-Skelett im Domhof, ein Stammbaum der Wale und Delfine inklusive ausgestorbener Arten und vor allem europaweit bedeutende Originalfunde versteinerter Wale aus der Urnordsee beeindrucken die Besucher. Darüber hinaus zeigt das Museum die heimischen Wasserlebensräume mit ihren Tieren und Pflanzen vor allem der Flüsse Trave und Wakenitz sowie der Ostsee, besonders in der nahen Lübecker Bucht. Zusätzlich machen der Bienengarten und ein gläserner Bienenstock, Zeitreisen durch die Erd- und Organismengeschichte mit zahlreichen Fossilien sowie wechselnde Sonderausstellungen das Museum für Natur und Umwelt in Lübeck zu einer der ersten naturmusealen Adressen im östlichen Schleswig-Holstein. Auf einem ökologischen Lehrpfad („Öko-Stadt-Pfad") kann man sich mit der Lübecker Stadtnatur beschäftigen, und das Umland lädt ebenfalls zu interessanten Touren ein.

Museum für Natur und Umwelt

Von den zahlreichen im Lübecker Museumsverbund zusammengeschlossenen Museen ist das Museum für Natur und Umwelt dasjenige, das auf die längste Museumsgeschichte in der Hansestadt zurückblicken kann. Den Grundstock für das Naturkundemuseum bildete der Nachlass des Lübecker Arztes Johann Julius Walbaum 1799. Nach ihm ist das Museumscafé benannt.

Der insektenreiche Bienengarten mit seinen vielfältigen Blütenpflanzen

Zunächst geht der Besucher einige Millionen Jahre in der Erdgeschichte zurück. Es werden interessante Fossilien und Ablagerungen aus verschiedenen Erdzeitaltern gezeigt. Bei den Funden verschiedener Wale aus Schleswig-Holstein kann man sehen, wie die Ausgrabungen durchgeführt wurden und wie das fast vollständig erhaltene Skelett des Bartenwals *Praemegaptera pampauensis* im Sediment bei Groß Pampau in der Nähe von Lübeck aufgefunden und freigelegt wurde. Weitere Arten von Barten- und Zahnwalen und auch Funde von Haien und anderen Organismengruppen aus der Urnordsee (vor ca. 11 Millionen Jahren) haben zu vielen neuen Erkenntnissen in der

Der Pottwal ist der größte Zahnwal der Erde. Das 14 Meter lange Skelett im Innenhof des Museums für Natur und Umwelt in Lübeck stammt von einem Tier, das 1997 vor der dänischen Insel Rømø gestrandet ist.

Paläontologie – der Wissenschaft, die sich mit Fossilien und ausgestorbenen Organismen beschäftigt – geführt.
Auch die Entstehung und die Entwicklung der Ostsee finden wir dargestellt. Aus der Kältesteppe der schleswig-holsteinischen Späteiszeit lernen wir als Lebewesen Mammut, Riesenhirsch, Wollhaarnashorn und Rentier kennen.
Eine Etage weiter oben kommen wir in die Ausstellung über die zahlreichen Lübecker Gewässer und ihre Bewohner. Hierzu gehören die wenig bekannten, aber ökologisch bedeutsamen Fischarten der heimischen Gewässer, wie Moderlieschen, Bitterling, Nase, Kaulbarsch und Rotfeder. Auch in Gewässernähe lebende Säugetiere wie Bisamratte, Nutria und Fischotter werden vorgestellt. Die Ringelnatter und die Europäische Sumpfschildkröte können wir beim Schwimmen beobachten.
Modelle und Präparate von Schwarzstorch, Kranich, Graureiher, Erdkröte mit Laich, Wollhandkrabbe und Wels zeigen Beispiele am und im Wasser lebender Organismen. Die Stimmen von Tieren im Erlenbruch wie Pirol, Zaunkönig, Singdrossel oder Kranich können wir uns vorspielen lassen.
Auch die Ostsee wird mit ihren Wirbellosen, Meeressäugern und den Fischen und Vögeln umfassend präsentiert. Kollektionen von Vogelpräparaten, systematisch nach Möwen,

Der Laubbaum Robinie stammt ursprünglich aus Nordamerika.

Greifvögeln, Regenpfeifern, Wasser- und Watvögeln sortiert, geben uns Übersichten der gefiederten Lebewesen des Wassers und des Landes. Informationen zur Honigbiene bekommen wir rund um den gläsernen Bienenstock, in dem die Museumsbienen bei allen Aktivitäten betrachtet werden können. Im Bienengarten vor dem Museum sind die wild lebenden Verwandten der Honigbiene zu beobachten, die meist nicht in Staaten organisiert sind, sondern einzeln (solitär) leben.
Querschnitte durch einen Ameisenhügel, durch das unterirdische Gangsystem eines Maulwurfs oder durch das Steilufer der Ostsee sind ebenso interessant wie die Vitrinen mit den Pilzen der Laub- und Nadelwälder, der Knicks und der Wiesen, wo wir den Sparrigen Schüppling, den Netzstieligen Hexenröhrling, den Strubbelkopfröhrling, den Stinkmorchel und andere kennenlernen.
Interessante Sonderausstellungen und Veranstaltungen sowie eine Fülle museumspädagogischer Angebote komplettieren das Programm des Museums für Natur und Umwelt.

Info
Museum für Natur und Umwelt,
Musterbahn 8, 23552 Lübeck,
T. 0451 122-4122,
naturmuseum@luebeck.de,
www.museum-fuer-natur-und-umwelt.de

Anreise
Vom Lübecker Hauptbahnhof kann man per Rad, per Bus oder zu Fuß zum Museum gelangen. Ein schöner Fußmarsch führt vorbei am Holstentor und entlang der Obertrave bis zum Dom, neben dem das Museum gelegen ist. Mit dem Pkw können Sie über Wallstraße und Mühlendamm direkt zum Museum fahren, wo es einige Parkplätze gibt.

Die Uferbefestigung mit lebenden Weiden am Stadtgraben ist eine der Stationen des Öko-Stadt-Pfades in Lübeck.

Tourmöglichkeiten

Öko-Stadt-Pfad Lübeck

Für einen kleinen naturkundlichen Rundgang durch die Stadt bietet sich der neu entwickelte Öko-Stadt-Pfad in Lübeck an, der Teile der Strecke und einige Stationen des alten Stadtökologischen Pfades aufgenommen hat. Startpunkt ist das Museum für Natur und Umwelt mit dem Garten, in dem wir zahlreiche Blütenpflanzen finden, die zu unterschiedlichen Zeiten der Vegetationsperiode blühen und den Bienen Pollen- und Nektarnahrung bieten. Hierzu zählen nicht nur die Honigbienen, sondern auch die zahlreichen wild lebenden Verwandten dieses Insekten-Haustiers. Fast 300 Arten von Wildbienen gibt es in Schleswig-Holstein, von denen einige auch in der Stadt anzutreffen sind. Im Bienengarten des Museums gibt es Wildbienen-Nisthilfen, und an schönen Sonnentagen können Sie Mauer-, Löcher-, Scheren-, Masken- und andere Wildbienen, aber auch Wespen, Schwebfliegen, Schmetterlinge und Käfer im Immengarten beobachten.

Von dieser ersten Station des Öko-Stadt-Pfades gehen wir auf den Mühlendamm mit Blick auf den Mühlenteich und die alte Mühle, in der sich heute ein Restaurant befindet, wo wir vor oder nach der kleinen Tour ein-

Die alte Eiche auf den Wallanlagen hat über 500 Jahre Lübecker Stadtgeschichte miterlebt.

kehren können. Kurz vor der Wallstraße sehen wir zwei prächtige alte Rotbuchen in besonderen Ausprägungen: eine Hänge-Rotbuche mit fast lianenartig herabhängenden Ästen und Zweigen und eine Blutbuche mit rot gefärbten Blättern – während der gesamten Vegetationsperiode und nicht nur im Herbst. Solche „Blutformen“, die gärtnerisch gezüchtet werden, gibt es auch bei der Pflaume, der Haselnuss und anderen Gehölzen.

Wir überqueren die Wallstraße und machen einen kurzen Abstecher die Anhöhe hinauf, um oben eine über 500-jährige Eiche zu bestaunen. An manchen Stellen treibt sie noch aus, aber Teile sind bereits abgestorben und werden von einigen der zahlreichen Totholz bewohnenden Tiere besiedelt. Nach der Überquerung der Wipperbrücke halten wir uns Richtung Freilichtbühne und kommen auf den alten Stadtwall, wo der von Linden, Eiben, Rot- und Hainbuchen gesäumte Weg uns einen schönen Blick auf den Dom und die Altstadt ermöglicht.

Am Sportplatz vorbei kommen wir an die Possehlstraße, die wir überqueren, um uns linker Hand am Stadtgraben die Uferbefestigung mit lebenden Weiden anzusehen. Diese Silberweiden, die immer wieder zurückgeschnitten werden, befestigen das Ufer deutlich länger als abgestorbene Holzpfähle. Ein Stück geht es am Stadtgraben in anderer Richtung entlang, bis wir rechts an der Wall-

brücke wieder die Possehlstraße überqueren und uns über die kleine Fußgänger- und Radfahrerbrücke zurück in die Altstadt begeben.
Wir bleiben kurz rechts an der Stadttrave und biegen dann links in die Hartengrube ein. Bei den hier angepflanzten Straßenbäumen handelt es sich um Robinien (auch als Scheinakazie oder Falsche Akazie bezeichnet), deren weiße Schmetterlingsblüten gern von Insekten besucht werden. Diese aus Nordamerika stammende Baumart wird oft als Stadt- oder Straßenbaum angepflanzt. Das Nutzholz ist auch ohne Imprägnierung außerordentlich widerstandsfähig gegen Holzfäule.
Hübsche Strauch- und Kletterrosen, aber auch Wilder Wein, Waldrebe (Clematis) und Kletter-Hortensien wachsen an den Häusern und Fassaden. Achten Sie auch einmal auf die Pflanzen, die zwischen den Ritzen der Wegplatten und am Bordsteinrand wachsen. Hirtentäschel, Wegerich, Einjähriges Rispengras, Löwenzahn, Goldrute und andere finden ihre Wachstumsmöglichkeiten in der versiegelten Stadtlandschaft und tragen so auch wesentlich zum Stadtgrün bei.
Am Dom halten wir uns rechts und passieren am Gebäude der Bauverwaltung eine Fassade, die hübsch mit Efeu und Wildem Wein bewachsen ist. Der immergrüne Efeu wird in Schleswig-Holstein traditionell gern an Nord- und Wetterseiten für ganzjährigen Schutz angepflanzt, während der laubwerfende Wilde Wein eher an Südfassaden zum Einsatz kommt, weil dann im Winter die wärmende Wintersonne die Fassade

Die Lübecker Altstadt ist vom Wasser umgeben, hier der Blick auf das Traveufer und die Kirchen St. Petri (rechts) und St. Marien mit ihren beiden Türmen.

erreicht und im Sommer das Laub Schatten spenden kann.
Wir erreichen wieder das Museum für Natur und Umwelt, wo wir auch noch auf eine Station des Lübecker Wissenschaftspfades stoßen, das Möbiusband, eine Endlosschleife mit nur einer durchgehenden Kante und einer Fläche. Dies ist eine von mehreren Stationen in der gesamten Altstadtinsel und in den Stadtteilen, die Lübeck als Wissenschaftsstadt zeigen und die Verbindungen zu den Hochschulen herstellen. Windorgel, Hörmuschel, Kaleidoskop, Camera obscura, Wasserstrudel sind nur einige der Wissenschaftsthemen, die zum Staunen und Entdecken einladen – neben all den kulturellen Sehenswürdigkeiten, die die alte Hansestadt den Besuchern außerdem zu bieten hat.

Alte Salzstraße

Als Radtour kann man sich auf den Radfernweg „ Alte Salzstraße" (insgesamt 116 Kilometer, Infos unter www.hlms.de) begeben, den man in Richtung Norden nach Travemünde fahren kann sowie nach Süden entlang dem Elbe-Lübeck Kanal über Mölln und Büchen nach Lauenburg an die Elbe und dann weiter nach Lüneburg (Rückkehr an mehreren Stellen per Bahn möglich).

Durch Fassadenbegrünung kann man etwas zusätzliche Natur in die Städte bringen, wie hier am Bauverwaltungsgebäude in Lübeck.

Der Elbe-Lübeck-Kanal, auch als „Nasse Salzstraße" bekannt, bietet hervorragende Möglichkeiten für beschauliche Rad- und Wandertouren.

Einkehrmöglichkeiten

Nahe dem Museum für Natur und Umwelt, in der alten Roggenmühle am Dom, gibt es im Weinkeller, Biergarten, Café und Kneipe „Alte Mühle" (Mühlendamm 24, 23552 Lübeck, T. 0451 7072592, www.alte-mühle-lübeck.com) eine reiche Auswahl an Flammkuchen-Gerichten.

Im „Walbaum-Café" (im Museum für Natur und Umwelt, geführt von der Vorwerker Diakonie, T. 0451 400256650), das Arbeitsplätze für Menschen mit Behinderungen anbietet, bekommt man täglich wechselnden Mittagstisch mit regional-saisonalen Gerichten und ein vielfältiges Kaffeeangebot. Man sitzt im Café-Innenraum oder im idyllischen Domhof mit Blick auf alte Gemäuer und das Pottwal-Skelett des Museums.

Vom alten Gemäuer im Innenhof des Domes umgeben, kann man im „Walbaum-Café" gemütlich bei Kaffee und Kuchen die Informationsfülle der Museumsausstellungen verarbeiten.

BINNENLAND

Bad Segeberg – Fledermäuse, Kalkberg und Indianer

Der hoch über der Stadt aufragende, imposante Kalkberg ist das Wahrzeichen Bad Segebergs. Entstanden ist dieser für das schleswig-holsteinische Landschaftsbild ungewöhnliche Berg, als sich vor etwa 250 Millionen Jahren durch Verdunstung mehrere Hundert Meter mächtige Steinsalzschichten ablagerten. Durch starke Drücke wurde das Salz anschließend verformt und an einigen Stellen durch die Erdoberfläche gepresst, wobei große Anhydritschollen mitgezogen wurden. Im Verlauf der folgenden Eiszeiten wurden das Salz und die lockeren Gesteinsschichten abgetragen, und das Anhydrit vergipste zu schwefelsaurem Kalk, sodass der Berg seine heutige Form erhielt. Vor etwa 12 000 Jahren begannen sogenannte Karstwassersysteme tief im Innern des Berges das Anhydrit auszuspülen, was zur Bildung eines verzweigten Höhlensystems führte. Diese Kalkberghöhle bietet heute Tausenden von Fledermäusen Unterschlupf und ist für sie ein wichtiges Überwinterungsquartier. Die direkt am Kalkberg gelegene Ausstellung „Noctalis – Welt der Fledermäuse“ informiert über Verhalten und Lebensweise der Fledermäuse, speziell über die Bedeutung der Kalkberghöhle und die hier anzutreffenden Arten. Mit dem hoch aufragenden Berg als Kulisse werden Besucher in den Sommermonaten bei den Karl-May-Spielen in die Welt der Indianer versetzt. Ein Besuch der Ausstellung kann gut mit einer Radtour oder Wanderung rund um den Großen Segeberger See kombiniert werden, dessen Entstehungsgeschichte eng mit der des Kalkbergs zusammenhängt.

Noctalis – Welt der Fledermäuse

Mit der Taschenlampe in der Hand startet der Besucher im Erdgeschoss und arbeitet sich Stockwerk für Stockwerk nach oben durch die über 500 Quadratmeter große Ausstellung. Man erfährt dabei etwas über den jahreszeitlichen Rhythmus der Fledermäuse, Jagdgebiete, Anatomie und Unterschiede zwischen den verschiedenen Arten. Thematisiert werden außerdem die Gefährdung der Tiere und Schutzmaßnahmen wie beispielsweise die Errichtung von Fledermauskästen.
Die Wissensvermittlung erfolgt dabei nicht nur anhand von Texten und Abbildungen, sondern immer wieder gibt es auch interaktive Bereiche. Zum Thema der Ultraschallorientierung von Fledermäusen beispielsweise kann man sich verschiedene Ortungsrufe anhören. Darüber hinaus werden die Texte stets mit Exponaten, Bildern oder Grafiken beglei-

Die in unmittelbarer Nähe zum Kalkberg gelegene „Noctalis – Welt der Fledermäuse" im blauen Gebäude befindet sich direkt oberhalb des Eingangs zur Kalkberghöhle.

tet und aufgelockert, sodass man nicht von den Informationen „erschlagen" wird.
Die Ausstellung geht weit über die biologischen Aspekte der Fledermäuse hinaus und stellt auch die Symbolik der Tiere und deren Verbindung zu Legenden und Sagen dar. Für Kinder gibt es einige Stationen, an denen man auf spielerische Weise etwas über die kleinen Säugetiere lernen kann, und ein eigens für die jüngeren Besucher eingerichteter Tunnel steht zum Spielen bereit.
Ein besonderes Highlight der Ausstellung ist sicherlich das Noctarium im obersten Stockwerk, wo man einige ausgewählte Fledermausarten hautnah erleben kann. In dem nahezu komplett verdunkelten Raum kann man den Fledermäusen hinter großen Glasscheiben bei ihren atemberaubenden Flugmanövern, beim Fressen oder beim kopfüber an der Decke hängenden Schlafen zusehen. Hier macht sich nun die Taschenlampe wieder bezahlt, die, mit einer Blende versehen, um die Tiere nicht zu stören, bei der Erkundung des großen Geheges hilft. Der Raum beherbergt über einhundert Individuen der Art Tropische Brillenblattnase und den mit einer Flügelspannweite von 1,2 Metern besonders beeindruckenden indischen Riesenflughund „Foxi".
Entlang der Außenwand sind außerdem diverse Terrarien eingelassen, in denen viele weitere Tiere wie Skorpione, Schlangen, Stabheuschrecken

oder Pfeilgiftfrösche beobachtet werden können.

Kalkberghöhle

Wer sich nach dem Besuch der Ausstellung ein Winterquartier der Fledermäuse mit eigenen Augen ansehen möchte, kann bei einer Führung durch die Kalkberghöhle teilnehmen. Dabei handelt es sich um die nördlichste der sogenannten Sulfatkarsthöhlen Deutschlands. Sie ist insgesamt 2280 Meter lang, wenn man alle Seitengänge mitzählt, und kann von Anfang April bis Ende September betreten werden, sodass die Fledermäuse nicht beim Winterschlaf gestört werden. Vor allem an heißen Sommertagen ist es in der Höhle sehr angenehm, da eine konstante Temperatur von 9 °C sowie eine Luftfeuchtigkeit von 100 Prozent vorherrschen. Mit etwas Glück sieht man einige Fledermäuse, da die Höhle im Sommer als Schlafquartier genutzt wird. Im Winter zählt die Höhle mit etwa 25 000 Tieren aus bis zu sieben Arten, die aus einem Umkreis von etwa 200 Kilometern stammen, zu den größten natürlichen Fledermaus-Winterquartieren in Mitteleuropa. Doch auch die übrige Fauna in der Höhle ist sehr interessant, so kommt hier etwa die europäische Höhlenkreuzspinne vor. Besonders bemerkenswert sind die etwa 10 000 in der Höhle lebenden Individuen des Segeberger Höhlenkäfers, der ausnahmslos nur in dieser Höhle vorkommt und sich von dem Kot und den Kadavern der Fledermäuse ernährt.

Info
Noctalis Fledermaus-Zentrum GmbH, Oberbergstraße 27, 23795 Bad Segeberg, T. 04551 80820, office@noctalis.de, www.noctalis.de

Eine der Attraktionen im Noctarium: die Brillenblattnase

Anreise:
Vom Bahnhof in Bad Segeberg sind es etwa 10–15 Minuten zu Fuß zum Noctalis. Von der A 21 mit dem Auto kommend, wählt man die Abfahrt Bad Segeberg-Nord und folgt den Schildern Richtung Kalkberg. Einige Parkplätze stehen direkt am Berg, etwa 2 Minuten Fußweg von der Ausstellung entfernt, bereit. Vor allem zu den Zeiten, an denen die Karl-May-Spiele stattfinden, muss man allerdings auf die Parkplätze im Ortszentrum ausweichen und einige Minuten Fußweg in Kauf nehmen.

Tourmöglichkeiten

Kalkberg und Großer Segeberger See

Bevor wir uns auf den Weg machen, um den Großen Segeberger See zu umrunden, sei ein kurzer Abstecher auf den Kalkberg empfohlen. Auf dem Weg zur Spitze wurden diverse Infotafeln aufgestellt, die über die Entstehung und Veränderung des Kalkbergs informieren. Vermutlich bereits ab dem 9. Jahrhundert wurde Gipsmörtel am Berg abgebaut und als Baustoff für Gebäude, beispielsweise die Segeberger Marienkirche aus dem 12. Jahrhundert, verwendet. Im Jahr 1134 wurde auf der Spitze des Kalkbergs die Siegesburg errichtet und somit Bad Segeberg gegründet. 1644 allerdings wurde das mächtige Bauwerk von den Schweden zerstört, und heute zeugt lediglich ein alter Brunnenschacht von der einst stolzen Burg.

Der massive Gipsabbau hat im Lauf der Zeit die Größe und Form des Kalkbergs stark verändert, der heutige Gipfel befindet sich fast 20 Meter unterhalb des Fundaments der Siegesburg. Von der immer noch 91 Meter hohen Bergspitze hat man trotzdem einen grandiosen Ausblick über die Freilichtbühne, die Stadt und den nahe gelegenen Großen Segeberger See, den wir nun auf einer knapp 10 Kilometer langen Tour umrunden werden.

Wir laufen den sich windenden Fußweg direkt vom Kalkberg hinunter in die Stadt und überqueren kurz darauf den Marktplatz. Anschließend halten wir uns rechts und gelangen,

Wer den Kalkberg besteigt, kann einen grandiosen Ausblick über die Stadt bis hin zum Großen Segeberger See genießen.

Der Bootsanleger am Großen Segeberger See auf der Hälfte der Wanderung

der Straße bergab folgend, zum Großen Segeberger See. Wir laufen nach links am See entlang über die Uferpromenade, die uns in ein Buchenwäldchen führt. Der Weg führt uns durch das recht hügelige Gelände unmittelbar am See entlang, sodass sich durch die Bäume immer wieder ein schöner Ausblick über das Wasser auf die in der Ferne noch zu erahnende Stadt bietet. Hin und wieder ist eine Infotafel am Wegesrand aufgestellt, die beispielsweise über die verschiedenen Landschaftstypen entlang der Wanderung informiert.

Nachdem wir etwa die Hälfte des Sees umrundet haben, erreichen wir das Gebiet zwischen dem Großen Segeberger See und dem nahe gelegenen Klüthsee. Diese beiden Seen stehen eng mit der Entstehung des Kalkbergs in Zusammenhang. Die großen Wassermassen, die nach Ende der letzten Eiszeit vor etwa 12 000 Jahren freigesetzt wurden, lösten tiefer gelegene Salzschichten, die auch den Kalkberg an die Oberfläche gedrückt haben, auf. Der entstehende Hohlraum füllte sich durch nachrutschendes Sediment, sodass eine große Senke entstand. Mit der Zeit füllte diese sich mit Wasser und es bildeten sich der Große Segeberger See und der Klüthsee.

Wir folgen dem nun etwas abseits des Sees durch die hügelige Landschaft verlaufenden Weg und erreichen nach Durchqueren des Ortes Stipsdorf wieder Bad Segeberg. Hier biegen wir nach links ab weg vom See und folgen dem Schild Richtung Noctalis zu dem weithin sichtbaren Kalkberg.

Der Marktplatz bildet zusammen mit der romanischen Marienkirche das Zentrum Bad Segebergs.

An der östlichen Seite des Großen Segeberger Sees führt der gut ausgebaute Wanderweg häufig etwas abseits vom Ufer durch die leicht hügelige Landschaft.

Einkehrmöglichkeiten

Direkt am Kalkberg befindet sich das Restaurant „Mora Mora" (Am Kalkberg 30, 23795 Bad Segeberg, T. 04551 944417, www.moramora-segeberg.de), wo man auf der Terrasse sein Essen mit grandiosem Ausblick über die Stadt genießen kann.

Die Uferpromenade ist der Startpunkt unserer Umrundung des Großen Segeberger Sees.

Auf der Wanderung rund um den Großen Segeberger See kann man im „Hofcafé Stipsdorf" (Seeweg 17, 23795 Stipsdorf, www.hofcafe-stipsdorf.de) eine Pause machen und mit Blick auf den See den selbst gemachten Kuchen kosten. Geöffnet ist das Café nur am Wochenende.

Das Dosenmoor bei Neumünster

Moore und Sümpfe waren für die Menschen in früheren Zeiten unwegsame, gefährliche, etwas unheimliche Orte, in denen zudem keine landwirtschaftliche Nutzung möglich war. Über die Jahrhunderte wurden die Moore entwässert, abgetorft und gedüngt, um sie nutzen zu können, was dann als „Kultivierung“ bezeichnet wurde. Fritz Overbeck hat dies in seinem „Großen Moorlied“ schön zusammengereimt, wo es zu Beginn heißt: „Und die Moore tat man meuchlings / trockenlegen wie die Säuglings, / und der Moloch Industrie / fraß den Torf weg wie noch nie. / Traurig sind die Reste.“
Heute gehen die Bemühungen genau in die andere Richtung und man versucht, wieder Wasser in den Mooren zu halten und möglichst die Torfbildung zu erreichen, wie sie hier natürlicherweise stattfindet. Für eine Wiedervernässung und Regeneration der Flächen gibt es umfangreiche Moorschutzprogramme des Landes. Davon profitieren auch die an Moore angepassten Tier- und Pflanzenarten.
Das Dosenmoor im Norden Neumünsters ist eines der ältesten und eindrucksvollsten Beispiele dieser Schutzbemühungen um eines der typischen Landschafts- und Lebensraumelemente in Schleswig-Holstein, das in seiner ursprünglichen Form fast ganz zu verschwinden drohte. Eine Wanderung durch das NSG „Dosenmoor“ ist auf den ausgewiesenen Wegen möglich und vermittelt einen Eindruck von der stillen Schönheit dieses für Norddeutschland so charakteristischen Lebensraums.

Wollgräser können zur Blüte- und Fruchtzeit weite Flächen des Moores mit ihren Fruchtständen in ein flauschiges Weiß tauchen.

Info-Zentrum Dosenmoor

Das Info-Zentrum Dosenmoor befindet sich im ehemaligen Torfwerk Einfeld der Firma Carl Hornung, was den Wandel von der Nutzung zum Schutz der Moore symbolisch dokumentiert, da die Firma den industriellen Abbau des Torfes im Dosenmoor betrieben hat. Heute befindet sich in dem Gebäude die Info-Ausstellung des Vereins Info-Zentrum Dosenmoor e. V., der 2002 gegründet wurde. Er bemüht sich mit ehren-

In den Randbereichen des Dosenmoors sind weite Teile mit Pfeifengras und Moorbirken bewachsen. Das Moor ist seit 1981 als Naturschutzgebiet ausgewiesen.

amtlichen Kräften darum, über die Geschichte, Entwicklung und Lebewelt des Moores sowie Möglichkeiten des Schutzes zu informieren. Vor dem Gebäude steht eine alte Lok der Moorbahn, mit der der Torf abtransportiert wurde. Die Ausstellung ist im Zusammenhang mit Führungen und Gruppenbesuchen oder auf besondere Anfrage für Besucher geöffnet. Neben öffentlichen Führungen werden auch Führungen für Schulklassen und angemeldete Gruppen durchgeführt.

Entlang des Weges vom Naturschutzgebiet-Eingang zum Info-Zentrum kann man eine Anpflanzung der Bäume des Jahres, die es bislang gibt, besichtigen und findet auch Informatives zu den einzelnen Arten, etwa Stieleiche, Speierling, Eibe, Silberweide, Esche, Wacholder, Rosskastanie etc.

Info

Verein Info-Zentrum Dosenmoor e. V. (IZD), Am Moor 99, 24536 Neumünster, T. 04321 528055, dosenmoor@dosenmoor.eu, www.dosenmoor.eu

Anreise

Vom Haltepunkt Neumünster-Einfeld an der Bahnlinie Hamburg-Altona–Kiel sind es etwa 500 Meter Fußweg Richtung Norden; per Auto anreisend kann man am Einfelder See oder direkt am Naturschutzgebiet parken, indem man nahe dem Restaurant „Alte Schanze" die Bahnlinie unterquert und die Parkmöglichkeiten an der Straße Am Moor nutzt.

Wichtige Mitarbeiter des Naturschutzes im Moor sind die Ziegen und Schafe, die den Aufwuchs unerwünschter Pflanzen im Naturschutzgebiet regulieren.

Schutzgebiete

Das Dosenmoor ist mit einer Fläche von 521 Hektar das größte Hochmoor in der schleswig-holsteinischen Jungmoränenlandschaft. Erst 1977 wurde hier der industrielle Torfabbau endgültig eingestellt. Kurz darauf begannen die umfangreichen Maßnahmen zur Wiedervernässung und Regeneration des Moores mit begleitenden wissenschaftlichen Untersuchungen zur Entwicklung der Hydrologie sowie der Pflanzen- und Tierwelt. 1981 erfolgte die Ausweisung als Naturschutzgebiet. Es wird vom Naturschutzbund NABU Schleswig-Holstein (Ortsgruppe Neumünster) betreut, der auch zahlreiche Areale des Moores käuflich erworben hat, um das Gebiet dauerhaft für den Naturschutz zu sichern. Eine Nutzung findet nicht mehr statt, und das Moor ist überwiegend wiedervernässt. Durch ihre Wasserspeicherfähigkeit wirken Moore ausgleichend auf den Wasserhaushalt. Zudem stellt der Moorschutz einen Beitrag zum Klimaschutz da. Die Bindung organischer Substanz durch die Torfbildung im Moorkörper entnimmt der Atmosphäre Kohlenstoff, was bei der Zerstörung der Moore und dem Torfabbau früherer Zeiten in entgegengesetzter Richtung lief, weil durch die Trockenlegung und die Sauerstoffzufuhr im Boden gebundenes Kohlendioxid in die Atmosphäre gelangte und so zum Treibhauseffekt und zur Klimaänderung beitrug.

Auf den Bohlenwegen durch einzelne Feuchtbereiche des Moores kann man sonst unzugängliche Areale des Naturschutzgebiets „Dosenmoor" kennenlernen.

Die als Störanzeiger eines intakten Hochmoors geltenden Pfeifengras- und Moorbirkenbestände versucht der Naturschutz durch die Beweidung mit Schafen und Ziegen zu regulieren.
Neben den für ein Hochmoor so charakteristischen Torfmoosen, auch Bleichmoose genannt, findet man im Dosenmoor den fleischfressenden Rundblättrigen Sonnentau, verschiedene Wollgräser, das Weiße Schnabelried und in den trockeneren Bereichen typische Pflanzenvertreter der Heiden wie Rosmarin-, Glocken und Besenheide sowie Krähen- und Moosbeere.
Über 60 Vogelarten, darunter Bekassine, Braunkehlchen, Wiesenpieper, Großer Brachvogel, Kranich und Sumpfohreule brüten hier; Waldeidechse, Ringelnatter, Kreuzotter und Moorfrosch lassen sich ebenso beobachten wie die vielen Wirbellosenarten aus den Gruppen der Käfer, Schmetterlinge, Spinnen, Libellen und andere.
Das am nahen Einfelder See gelegene NSG „Westufer des Einfelder Sees" besitzt naturnahe Uferstandorte mit unterschiedlichen Verlandungsstufen des Sees. Die dort vorkommenden Pflanzen wie Sumpfblutauge, Wasser-Minze, Sumpf-Helmkraut, Bachnelkenwurz ebenso wie die Vogelarten Rohrweihe, Teichrohrsänger, Rohrammer und Eisvogel weisen bereits auf den Ufer- und Sumpflebensraumcharakter des Gebiets hin.

Tourmöglichkeiten

Dosenmoor

Im Dosenmoor gibt es 13 Kilometer ausgeschilderte Wege durchs Moor, die auch als Rundwege begangen werden können. Wenn man am Parkplatz nahe der Bahnlinie ins Moor startet, kommt man auf den Hauptweg, der einmal in gerader Linie durch das Moor führt. Linker Hand im Norden sind Moorflächen, die vor allem durch Pfeifengras und Birkenbestände dominiert werden, rechter Hand in Richtung Süden liegen die weiten baumfreien Zentralbereiche des Hochmoors. Es empfiehlt sich, auf den Wegen zu bleiben. Schilder warnen vor der Lebensgefahr beim Verlassen der Wege. Verschiedene Infotafeln informieren über das Moor, und an einem Lehrpfad, der auf einem Bohlenweg durch ein kleines Feuchtareal des Moores führt, kann man einige der typischen Vertreter der Lebewelt hautnah erleben. Dringen wir weiter ins Moor vor, sind auch bald der Verkehrslärm und das Gerumpel der Eisenbahn auf ihrer Fahrt zwischen Kiel und Neumünster nicht mehr zu vernehmen und man kann eine Stille genießen, die man sonst in der von Straßen und anderen Lärmquellen durchsetzten Umwelt bei uns nicht mehr an vielen Orten findet. Allenfalls das leise Glucksen und Blubbern der balzenden Moorfrosch-Männchen in den Moorrandbereichen ist im Frühjahr zu vernehmen, oder die Stille wird durch den Ruf des Kranichs durchbrochen. Die ganz eigene Stimmung eines Hochmoors, die zu allen Jahreszeiten etwas unterschiedlich ist, kann man im Dosenmoor noch erleben – wenn nicht zu viele weitere Wanderer und Besucher unterwegs sind.

Mit seinen Blättern kann der Rundblättrige Sonnentau Insekten fangen.

Einfelder See

Der nahe Einfelder See lässt sich auch umwandern (ca. 9 Kilometer) oder mit dem Fahrrad umfahren, wobei bei gutem Wetter wegen der entsprechenden Ausweisungen für Touren auch viele Freunde des Nordic Walking unterwegs sein dürften. Auf der westlichen Seite des Sees passieren wir bei einer Umrundung das 13 Hektar große NSG „Westufer des Einfelder Sees“ mit seiner besonders artenreichen Tier- und Pflanzenwelt.

Die Umrundung des 168 Hektar großen Einfelder Sees kann man gut mit einem Besuch des Restaurants „Schanze am See" verbinden.

Tierpark Neumünster

Im 24 Hektar großen Tierpark Neumünster sind 700 Tiere aus etwa 100 Arten zu bestaunen, darunter Wolf, Braunbär, Luchs, Wildkatze und Seeadler, aber auch Tiere aus ferneren Regionen der Erde, wie Liszt- und Berberaffen, Eisbären, Humboldt-Pinguine und Nasenbären. Er liegt inmitten eines der größten Naturerlebnisräume Schleswig-Holsteins, des Stadtwalds Neumünster (Geerdtsstraße 100, 24537 Neumünster, T. 04321 51402, www.tierparkneumuenster.de).

Einkehrmöglichkeiten

Das gemütliche Restaurant „Schanze am See" (Einfelder Schanze 96, 24536 Neumünster, T. 04321 959580, www.schanzeamsee.de) bietet gehobene deutsche Küche mit mediterranen Einflüssen. Den Blick auf den nahen Einfelder See kann man nicht nur vom großzügig verglasten Innenraum genießen, sondern bei schönem Wetter vor allem von der großen Terrasse, wo man am Nachmittag zum Kaffee auch selbst gebackene Kuchen und Torten erhalten kann.

Seltene und gefährdete Haustierrassen im Tierpark Arche Warder

Es gibt nicht nur für unsere wild lebenden Pflanzen und Tiere Rote Listen der gefährdeten und vom Aussterben bedrohten Arten, sondern auch für die Haustierrassen, von denen einige inzwischen sehr selten und extrem gefährdet sind, wie beispielsweise die Weiße Gehörnte Schnucke, das Angler Sattelschwein, die Girgentana-Ziege, das Angler Rind oder die Lippegans. Diese und über 80 weitere Haustierrassen sind im Tierpark Arche Warder in der Mitte Schleswig-Holsteins im südlichen Teil des Naturparks Westensee zu bewundern.

Tierpark Arche Warder – Zentrum für seltene Nutztierrassen

Elefanten, exotische Affen und Eisbären wird man in diesem Tierpark vergeblich suchen. Hier geht es um Haus- und Nutztiere, vor allem um die Rassen, die vom Aussterben bedroht sind oder als besonders gefährdet gelten.

Bei den heutigen Nutztierrassen wurde im Wesentlichen auf Hochleistung und hohe Produktion gezüchtet. Eigenschaften wie Robustheit, lange Lebensleistung und geringe Krankheitsanfälligkeit sind bei diesen weitgehend verloren gegangen, während sie bei den alten Rassen noch vorhanden sind. Sterben diese Rassen aus, sind auch die genetischen Ressourcen verloren.

Der Schutz alter und gefährdeter Haustierrassen ist somit ein Beitrag zur Erhaltung der Biodiversität. Er ist aber auch ein Beitrag zum Erhalt kultureller und regionaler Vielfalt. Viele der alten Rassen sind an bestimmte Regionen gebunden, und alle Nutztiere sind, seit der Mensch mit Hund, Schaf und Ziege die ersten Tiere als Haustiere hielt, eng mit der kulturellen Entwicklung der Menschheit verbunden.

Auch gefährdete Gänsearten sind in der Arche Warder zu besichtigen.

Die in Großbritannien gezüchteten Jakobschafe besitzen eine interessante schwarze Fleckung und zwei oder vier Hörner.

Auf dem 40 Hektar großen Gelände des Tierparks Arche Warder leben mehr als 1200 Tiere. Im Streichelgehege am Eingang können vor allem Kinder erst einmal direkten Kontakt zu einigen Ziegen oder Schafen knüpfen. Hier heißt es: Streicheln und Anfassen erlaubt!

Wassergeflügel sehen wir auf den Weihern, und die Haus-Geflügelrassen werden in artgerechten Gänse- und Entengehegen und Hühnerställen und -ausläufen gehalten. Da sind zum Beispiel die Diepholzer Gans, die Emdener Gans, die Ungarische Lockengans oder die Pommerngans, deren Namen bereits Hinweise auf die ursprüngliche Verbreitung und Herkunft der Gänserassen geben, die allesamt von der wild lebenden Graugans abstammen. Die Riesen-Brahmas, die Vorwerkhühner oder die Federfüßigen Zwerghühner sind ebenso eindrucksvoll wie die Perlhühner und die Blauen Pfauen, die über das Gelände stolzieren.

Über den Schafweg mit Mufflon, Skudde, Moorschnucke und anderen, die zum Teil auch wichtige Helfer in der Landschaftspflege sind, indem sie die Lebensräume wie Heiden, Grünländer und Trockenrasen offen halten, kommen wir zur Aussichtsplattform, von der aus wir das Areal gut überblicken können.

Im Schweineland fühlen sich zehn Rassen sichtlich wohl, während sie das Matschareal nach Essbarem durchsuchen und sich im Schlamm suhlen. Das Angler Sattelschwein

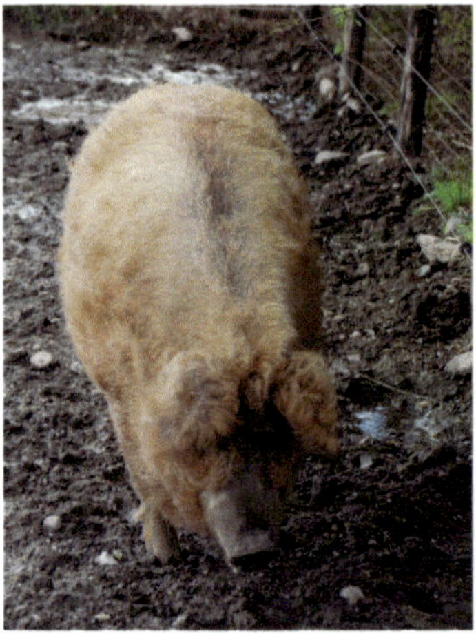

Das Rote Mangalitza-Wollschwein stammt aus Südosteuropa.

mit seinem weißen Gürtel gehört dazu. Es hat in der Nachkriegszeit in Deutschland mit seinem hohen Fettgehalt wesentlich zum Überleben der Bevölkerung beigetragen. Heute gilt die Rasse als extrem gefährdet. Das Husumer Rotbunte Schwein ist eine Farbvariante, die bereits als ausgestorben gilt. Die im Tierpark zu bewundernden Exemplare stellen Rückzüchtungen dieser lokalen schleswig-holsteinischen Rasse dar. Der Weltbestand wird auf lediglich 140 Tiere geschätzt.

Bei den Rindern treffen wir auf das aus Schweden stammende Fjällrind, eine der wenigen hornlosen Rinderrassen, die durch ihre Robustheit in klimatisch rauen Gebieten vielen anderen Rinderrassen überlegen ist. Hausyak und Europäischer Haus-Wasserbüffel muten eher exotisch an, während das Schottische Highlandrind und das Heckrind, eine Auerochsen-(Ur-)Rückzüchtung, viele von den Naturflächen in Schleswig-Holstein kennen, die von diesen und anderen Rinderrassen, aber auch von Schafen, Ziegen und Pferden aus Naturschutzgründen beweidet werden. Sie sorgen dafür, dass die botanische und faunistische Artenvielfalt auf den Flächen, die meist von der Stiftung Naturschutz und Naturschutzverbänden erworben wurden und betreut werden, erhalten bleibt oder sich entwickelt. Auch Pferde- und Ziegenfreunde kommen auf den entsprechenden Parkweiden auf ihre Kosten, wo Exmoor-Ponys, Koniks und Schleswiger Kaltblut sich ebenso wohlfühlen wie Juan-Fernandez-Ziegen, Tadschikische Wollziegen und Thüringerwald-Ziegen.

Neben Obstgärten, Gehölzstreifen, einem Bachlauf und Feuchtwiesen gehört auch ein geschützter 8 Hektar großer Trockenrasen zum Areal, der von Poitou-Rieseneseln und Posavinapferden beweidet wird. Die Posavinapferde gehören zu den Kaltblütern und stammen aus dem Gebiet der Save, einer der größten geschlossenen Auenlandschaften. Sie beeindrucken durch ihre großen und breiten Hufe, die vor allem für das Laufen auf Sumpfböden sehr geeignet sind.

Auch dem Haus der Natur (Imbissbude und Kletterarche), dem Weiher, in dem die ebenfalls aus den Save-Auen in Kroatien stammenden Turopolje-Schweine gern ein paar

Schwimm- oder Tauchbahnen ziehen, sollte man einen Besuch abstatten, ebenso wie der Steinzeitsiedlung, in der das Leben der ersten Bauern in Norddeutschland nachzuvollziehen ist, dem Hofladen mit Wurst-Spezialitäten aus dem Tierpark, Bio-Lebensmitteln, regionalen Produkten und Souvenirs oder dem Restaurant „Farmküche". Die Kinder werden eher die Streichelgehege mit den kleinen Ferkeln, Ziegen und Schafen, den Spielplatz oder das Kleintiergehege ansteuern.
Viele Veranstaltungen und Sonderaktionen finden im Tierpark Arche Warder statt: Steinzeit- und Mittelaltertag, Hunde-, Pferde-, Schaf-, Rinder- oder Eseltag, Sonderaktionen zu Ostern, Halloween oder spezielle Ferienprogramme sind nur einige Beispiele.

Das stark gefährdete Turopolje-Schwein stammt aus den Save-Auen in Kroatien und ist ein hervorragender Schwimmer.

Und wem das nicht reicht, der kann auch noch die Nacht auf dem Tierparkgelände verbringen und sich in einer der rustikalen Hütten oder in der Ferienwohnung einquartieren.

Viele seltene und schützenswerte Haustierrassen, unter anderem aus den Gruppen der Schafe, Schweine, Pferde und Rinder, sind in der Arche Warder zu bestaunen.

Besonders im Frühjahr gibt es viel Nachwuchs im Tierpark Arche Warder, nicht nur bei den Schafen, sondern auch bei allen anderen Haus- und Nutztieren.

Das Ungarische Steppenrind ist vor allem durch seine langen Hörner eine eindrucksvolle Erscheinung.

Info

Tierpark Arche Warder – Zentrum für seltene Nutztierrassen e. V., Langwedeler Weg 11, 24646 Warder, T. 04329 91340, info@arche-warder.de, www.arche-warder.de

Anreise

Vom Bahnhof Nortorf kann man per Rad nach Warder fahren (9 Kilometer); von Nortorf ist Warder ebenso wie von Kiel per Bus erreichbar (siehe zum Beispiel www.scout.sh.de). Mit dem Pkw kann man über die A 7 Flensburg–Hamburg (Abfahrt Warder) oder über die A 215 Kiel-Hamburg (Abfahrt Blumenthal) anreisen.

Tourmöglichkeiten

Naturpark Westensee

Im südlichen Naturpark Westensee gibt es zahlreiche Wander- und Radwandermöglichkeiten (siehe Tour Westensee, S. 131–133). So sind beispielsweise Touren am Warder- und Brahmsee entlang zum Pohl- und Manhagener See möglich. Für Radfahrer kann es bis an den Westensee und das Schierenseegebiet herangehen (Infos zum Beispiel unter www.mittel-holstein.de).

Einkehrmöglichkeiten

Im Restaurant „Farmküche" (T. 04329 9134-16, farmkueche@arche-warder.de), das sich auf dem Gelände des Tierparks Arche Warder befindet, werden vor allem regionale Produkte von heimischen Bio-Höfen verarbeitet. Das Fleisch stammt von hofeigenen Tieren oder NEULAND-zertifizierten Betrieben. Vegetarische und vegane Gerichte sind im Programm, genauso wie frische Torten aus der hauseigenen Konditorei – ebenfalls unter der Verwendung von Bio-Zutaten gefertigt.

Der Poitou-Esel beeindruckt durch seine Größe, die langen Ohren und das zottelige Fell, das oft verfilzt wie eine Rasta-Mähne ist.

Wildpark Eekholt – von Wölfen, Wildkatzen und Wildschweinen

Einige Kilometer südlich von Neumünster, im Tal des beschaulichen Flusses Osterau, liegt der 1970 gegründete Wildpark Eekholt. Hier hat man sich dem Ziel verschrieben, dem Besucher Verhalten und Lebensweise von mehr als 700 heimischen Wildtierarten näherzubringen. Dies erfolgt allerdings nicht nach dem Schema, wie man es aus klassischen Zoos kennt, mit vergleichsweise kleinen Gehegen, sodass der Besucher die Tiere stets im Blick hat, sondern die Tiere leben auf weitläufigen Parzellen und können sich jederzeit nach Belieben zurückziehen. Besonderes Augenmerk wurde außerdem auf die Gestaltung der Gehege gelegt, um möglichst naturnahe Lebensräume zu schaffen. Dies hat für die Tiere den Vorteil, dass sie sich in einer Umgebung bewegen, die der in freier Wildbahn sehr nahekommt. Für den Besucher bietet sich so die Gelegenheit, die Tiere möglichst natürlich zu erleben.

Wildpark Eekholt

Das weitläufige, 67 Hektar umfassende Gelände des Wildparks Eekholt ist durch verschiedenste Landschaftstypen geprägt. Der Fluss Osterau liegt in einem Urstromtal der jüngsten Eiszeit und ist einer der letzten natürlichen und unbegradigten Flüsse Schleswig-Holsteins. Auf den etwas höher gelegenen Bereichen unweit der Flussniederung stehen Mischwälder. Für Tierarten wie Damwild, Rotwild, Wildschweine, Füchse, Reiher, Störche und Ziegen finden sich also auf dem Gelände passende Lebensräume.
Eines der Highlights des Wildparks sind die Wölfe, die in ihrem weitläufigen Gehege umherstreifen oder in einer Ecke dösend auf die tägliche Fütterung warten. In der sogenannten Wolfsmeile findet der Besucher diverse Infotafeln, die nicht nur über die Lebensweise, sondern vor allem auch über die Rückkehr des Wolfes nach Deutschland informieren.
Im Jahr 2007 wurde erstmals seit über 180 Jahren wieder ein Wolf im nördlichsten Bundesland gesichtet. Seitdem kommt es immer häufiger vor, dass einzelne Tiere durch Schleswig-Holstein streifen. In Sachsen, Brandenburg und Niedersachsen gibt es sogar einige sesshafte Wolfsrudel. Nachdem der Wolf Anfang des 19. Jahrhunderts durch gezielte Bejagung in Deutschland ausgerottet worden war, konnte er sich ab dem Ende des 20. Jahrhunderts aufgrund strenger Schutzmaßnahmen und der Öffnung der Grenzen im Osten wieder in seine alten Lebensräume ausbreiten. Diese Einwanderung findet

Während ihren wilden Artgenossen in Deutschland noch Vorurteile und Argwohn entgegenschlagen, sind die Wölfe im Wildpark Eekholt bei den Besuchern besonders beliebt.

ganz von allein statt, die Tiere werden nicht ausgesetzt oder ausgewildert, sondern verlassen die polnischen Populationen und finden in Deutschland passende Lebensräume vor. Eine solche Etablierung eines großen Raubtiers in Deutschland bietet jedoch auch eine Menge Konfliktpotenzial. Halter von Nutztieren etwa befürchten, dass die Wölfe vermehrt die Weidetiere den schwerer zu jagenden Wildtieren bevorzugen und sie töten. Um zwischen den Anforderungen der Menschen und den Bedürfnissen der Wölfe zu vermitteln, wurde im Wildpark Eekholt ein Wolfsinformationszentrum eingerichtet. Die ehrenamtlichen Wolfsbetreuer arbeiten daran, die Bevölkerung über Wölfe zu informieren und leider immer noch bestehende Vorurteile abzubauen.

Auf der weiteren Rundtour durch den Park kommt man noch an Wildschweinen, Fischottern, Rot- und Damwild oder Ziegen vorbei. Dazwischen finden sich immer wieder Tierarten, die man nicht oft zu Gesicht bekommt, weil sie in Deutschland selten geworden sind. Dazu gehören etwa Schwarzstörche, Wildkatzen, Eisvögel oder verschiedene Greifvögel und Eulen. An den Wildpark Eekholt angegliedert ist eine Vogelpflegestation, in der kranke oder verletzte Wildvögel gepflegt und anschließend – wenn möglich – wieder in die freie Wildbahn entlassen

werden. Die ehrenamtlich betriebene Station hat sich auf Groß- und Greifvögel spezialisiert. Die Greifvögel und Eulen, die im Park leben, führen zu bestimmten Zeiten auf der Flugwiese bei einer kommentierten Vorstellung ihre Flugkünste vor.
Bei einigen ausgewählten Tierarten stehen Informationspavillons bereit, wo man sich tiefergehend mit Verhalten, Lebensweise oder auch Gefährdung der Wildtiere beschäftigen kann. Der interessierte Besucher kann sich außerdem immer wieder mit spezielleren Informationen versorgen, beispielsweise zum Tier- und Artenschutz. Auf mehreren Infotafeln wird man etwa über die Zerschneidung von Lebensräumen aufgeklärt, aber auch darüber, welche Maßnahmen getroffen werden können, um diese Problematik zu vermeiden. Besonders kritisch sind Autobahnen, die für viele Tiere ein unüberwindbares Hindernis darstellen und somit Lebensräume und Populationen voneinander trennen. Mit Hilfe von sogenannten Grünbrücken oder Tunneln können Querungshilfen für Tiere eingerichtet werden. Wichtig ist, dass vor allem langsame und weniger mobile Tiere diese überhaupt erreichen können, weshalb Brücken und Tunnel über sogenannte Korridore mit den Lebensräumen verbunden sein müssen.
Für die jüngeren Besucher wird im Wildpark Eekholt ebenfalls einiges geboten: Neben einem großen Spielplatz findet sich ein Streichelgehege, und viele der Tiere dürfen mit im Park gekauftem Futter gefüttert werden. Mehrmals im Monat werden außerdem verschiedene Veranstaltungen angeboten, dabei geht es zum Beispiel um ausgewählte Tierarten aus dem Park oder um Themen wie die Honigherstellung.

Viele der Tiere im Park, wie hier das Rotwild, dürfen gefüttert werden.

Info

Wildpark Eekholt, Eekholt 1, 24623 Großenaspe; T. 04327 99230, info@wildpark-eekholt.de, www.wildpark-eekholt.de

Anreise

Von der A 7 kommend erreicht man den Wildpark Eekholt über die Abfahrt Bad Bramstedt innerhalb einiger Minuten Fahrt; das Parken mit dem Pkw ist kostenfrei. Von Bad Bramstedt aus besteht darüber hinaus die Möglichkeit, den sogenann-

Das „Hofcafé Weide" bietet seinen Gästen hausgemachte Köstlichkeiten und ein großes Angebot regionaler Produkte im Hofladen.

ten Wildpark-Shuttle oder den Linienbus zu nutzen. Allerdings sollte man sich vorher über die Fahrtzeiten informieren beziehungsweise eine Mitfahrt anmelden (siehe www.wildpark-eekholt.de). Eine interessante Möglichkeit bietet außerdem eine Kooperation des Wildparks mit den Stadtwerken Bad Bramstedt, die Pedelecs verleihen. Wer eines dieser E-Bikes ausleiht, erhält in Eekholt einen Rabatt auf den Eintrittspreis sowie eine kostenlose Akkuladung.

Einkehrmöglichkeiten
Neben dem Restaurant im Wildpark Eekholt kann man im nahen „Hofcafé Weide" (Foto oben) hausgemachte Torten, Kuchen und Gebäck zum Kaffee und Tee auf der gemütlichen Terrasse des biologisch-dynamisch bewirtschafteten Hofes zu sich nehmen. Im Hofladen gibt es Produkte vom eigenen Hof und weitere regionale und saisonale Angebote aus biologischem Anbau (Weide 7, 24576 Bimöhlen, T. 04327 141917, www.weide-hardebek.de).

Trappenkamp – Erlebniswald für Jung und Alt

Der 1973 eröffnete „ErlebnisWald Trappenkamp" liegt in einem größeren Waldgebiet einige Kilometer östlich von Neumünster und verspricht vor allem für Familien und Kinder interessante Naturerlebnisse. Die jährlich etwa 200 000 Besucher erwartet ein über 200 Hektar großes Gelände, das sich über ausgedehnte Waldbereiche und Freiflächen erstreckt. Neben diversen Spielmöglichkeiten für Kinder gibt es Sportanlagen, Tiergehege, verschiedene Lehrpfade und mehrere Infostationen, wo man etwas über die heimische Flora und Fauna, mit Fokus auf den Wald, lernen kann. Es ist für Besucher jeden Alters mit unterschiedlichen Interessen etwas Passendes dabei.

Nisthilfe-Unterstände für Wildbienen, häufig auch als „Insektenhotel" bezeichnet, sind interessante Beobachtungsstationen für Hautflügler und andere Insekten.

Erlebniswald Trappenkamp

Das Gelände des Erlebniswalds teilt sich auf in ein Waldgebiet, das den größten Teil der Fläche einnimmt, sowie eine große Wiese, auf der Spielgeräte, Sportplätze und Gebäude stehen. Man kann sich entweder auf eigene Faust auf Erkundungstour durch den Park begeben oder man hält sich an einen der zwei unterschiedlich langen Rundwege.

Unweit des Eingangs wurde ein großer Schmetterlingsgarten angelegt, in dem man heimische Falter-Arten und deren Raupen beobachten kann, die von den vielen Blüten oder geeigneten Futterpflanzen angelockt werden.

Nur wenige Meter weiter stehen hinter Bäumen versteckt einige Bienenstöcke mit Informationen über Verbreitung, Lebensweise und nutzbringende Tätigkeiten der Bienen für den Menschen. Man kann außerdem

einiges über die Honig- und Wachsernte lernen.
Zum Thema Wald finden sich im gesamten Gelände Tafeln, die kurz und knapp wichtige Informationen etwa zu bedeutenden Lebensräumen des Waldes präsentieren. Interessierte können zum Beispiel etwas über die Geschichte und Entwicklung des Waldes in Schleswig-Holstein, beginnend nach der letzten Eiszeit, erfahren. Thematisiert werden auch die anthropogenen Einflüsse, die dazu führten, dass Schleswig-Holstein – bis vor 1000 Jahren noch fast vollständig von Urwald bedeckt – heute das waldärmste Bundesland ist.
Dem Rot- und Damwild stehen im Erlebniswald mehrere Wiesen- und Waldflächen zur Verfügung. Das Damwild war ursprünglich nicht in Mitteleuropa beheimatet, sondern wurde erst durch die Römer als Zier- und Jagdwild eingeführt. Von Beobachtungspunkten aus kann man nach den Herden Ausschau halten. Einige Freigehege sind sogar begehbar, sodass man immer ein paar der Tiere zu Gesicht bekommen sollte.
Auch das Wildschweingehege ist begehbar, oder man kann von einem Aussichtsturm aus mit etwas Geduld die bis zu 200 Kilogramm schweren imposanten Tiere beobachten und sehen, wie sie auf Nahrungssuche das Erdreich durchwühlen. An bestimmten Tagen gibt es Wildschweinfütterungen unweit des Beobachtungsturms, sodass man fast hautnah an die Tiere herankommt.
Mehrere Erlebnispfade führen durch den Wald, die anschaulich über Themen aus der Natur und Umwelt informieren. So gibt es beispielsweise

Im Schmetterlingsgarten des Erlebniswalds Trappenkamp lassen sich heimische Insektenarten auf den verschiedensten Wild- und Kulturpflanzen beobachten.

einen Bodenerlebnispfad, wo man anhand eines Bodenprofils und weiterer Exponate etwas über die Bedeutung des Erdbodens für Flora und Fauna lernen kann. Hier findet sich auch ein Findlingsgarten, wo die Themen Eiszeiten und die Entstehung der schleswig-holsteinischen Landschaften sowie der Herkunft unterschiedlicher Gesteinstypen erläutert werden. Für die jüngeren Besucher gibt es spezielle – in einfacher Sprache verfasste – Passagen auf den Infotafeln.

Für Kinder jeder Altersgruppe bieten sich darüber hinaus viele weitere Möglichkeiten, sich auf spielerische Art und Weise mit Natur und Umwelt zu beschäftigen. So gibt es eine Weitsprungbahn, an der man seine eigenen Sprungkünste mit denen von Tieren vergleichen kann. Ein großes Areal mit verschiedensten Spielmöglichkeiten, wie einem großen Holz-Fort, einem Indianerlager oder einem Turm mit diversen Rutschen, dürfte vor allem bei den jüngeren Besuchern beliebt sein. Hier finden sich auch einige Grillhütten, die man für die gemütliche Zubereitung einer Mahlzeit mieten kann.

In einem nahe gelegenen abgezäunten Bereich werden zu bestimmten Zeiten Falkner-Vorführungen mit abgerichteten Eulen, Adlern und Falken gezeigt. Dabei erzählen die Tier-Trainer auch manch Interessantes über das Verhalten und die Lebensweise dieser eindrucksvollen Greifvögel.

Das Damwild hat in Schleswig-Holstein einen Bestand von ca. 30 000 Tieren und wurde im 9. Jahrhundert erstmalig nach Schleswig-Holstein eingeführt.

Wilde Tiere wie diese Wildschweinbache mit ihren Frischlingen kann man in Trappenkamp aus der Nähe beobachten.

Der imposante Weißkopfseeadler aus Nordamerika ist der größte Vogel, der während der Falkner-Vorführung seine Flugkünste zeigen darf.

Für besonders abenteuerlustige und vor allem schwindelfreie Besucher gibt es einen Hochseilgarten, wo man sich in beachtlicher Höhe unterhalb der Baumwipfel über Plattformen, Brücken und andere Konstruktionen hangeln kann. Selbstverständlich ist man dabei angeseilt, sodass der Spaß völlig ungefährlich ist.

Am Waldrand springt eine hoch aufragende Holzkonstruktion ins Auge, der 30 Meter hohe sogenannte TeamTower. Der Turm besteht aus zwei Plattformen in 13 und 26 Metern Höhe, die über verschiedene Kletterwege miteinander verbunden sind. Der Weg zurück zum Erdboden erfolgt entweder angeseilt mit einem Sprung oder über die mit 300 Metern längste Seilrutsche Norddeutschlands, die einen über die Baumwipfel fliegen lässt. Der TeamTower ist an bestimmten Tagen oder für Gruppen nach Voranmeldung geöffnet. Für die Benutzung der einzelnen Attraktionen muss allerdings Eintritt bezahlt werden, da spezielle Ausrüstung sowie Personal für die Sicherung nötig sind.

In dem sogenannten Waldhaus ist neben einem Restaurant und dem Kassenbereich ein Laden eingerichtet, wo man Bücher, Spielzeug oder Souvenirs passend zum Thema Wald kaufen kann. Im Obergeschoss des Gebäudes ist die Ausstellung „Faszination Wald“ eingerichtet. Hier kann man sich anhand diverser Exponate und interaktiver Stationen über ausgesuchte Bereiche zum Thema Wald

Die sogenannte Köhlerhütte kann zum Grillen gemietet werden.

informieren. Beginnend bei der Entwicklung des Waldes und der Artenvielfalt bis hin zu Waldnutzung und Forstwirtschaft werden verschiedenste Themen behandelt. Darüber hinaus sind immer wieder wechselnde Ausstellungen zu sehen, die sich zum Beispiel mit einzelnen Tierarten oder der Landwirtschaft beschäftigen.

An manchen Tagen gibt es im Erlebniswald Veranstaltungen, wie Wanderungen durch den Wald, Mittelaltermärkte oder Vorführungen zur Holzernte mit Pferden.

Tourmöglichkeiten

Vicelinweg

Neben dem Fernradweg „Mönchsweg“ von Fehmarn nach Glückstadt an der Elbe, der an Trappenkamp vorbeiführt, gibt es seit 2016 einen neuen Rundweg, den „Vicelinweg“. Er ist mit 100 Kilometern recht lang, aber durch die Lage an den Bahnhöfen Neumünster, Bordesholm und Preetz sind Teilstrecken möglich. Auf den Spuren des heiligen Vicelin geht der mit Bischofsstab auf purpurfarbenem Grund ausgeschilderte Radweg von Trappenkamp über Groß Kummerfeld nach Neumünster. Von dort geht es an Einfelder See, Dosenmoor und Bordesholmer See entlang nach Bordesholm und weiter nach Kirchbarkau und Preetz. Dann biegt die Rundtour in Richtung Süden ab, und entlang der Bornhöveder Seenkette gelangt man wieder nach Trappenkamp (weitere Infos unter: www.neumuenster-tourismus.de oder www.vicelinweg.de).

Der TeamTower überragt das gesamte Gelände und kann von schwindelfreien Besuchern kostenpflichtig und nach Voranmeldung genutzt werden.

Info
ErlebnisWald Trappenkamp, Tannenhof, 24635 Daldorf, T. 04328 170480, poststelle@forst-sh.de, www.forst-sh.de; Informationen und Anmeldung für den Team-Tower: T. 04321 6956603, info@ropexcourse.de, www.ropexcourse.de

Anreise
Den Erlebniswald erreicht man über die A 21, Abfahrt Daldorf, oder über die B 205, Abfahrt Rickling und anschließend der Beschilderung folgend. Von Kiel aus ist Daldorf mit dem Bus erreichbar (siehe Infos auf www.forst-sh.de). Der Ort Rickling kann mit dem Zug angefahren werden, anschließend muss man die restliche Strecke mit dem Fahrrad oder zu Fuß zurücklegen (ca. 4 Kilometer).

Einkehrmöglichkeiten
Im Hauptgebäude des Erlebniswalds, dem sogenannten Waldhaus, ist das Restaurant „WaldKüchenMeister“ untergebracht (Tannenhof 1, 24635 Daldorf, T. 04328 170805, waldkuechenmeister@t-online.de, www.waldkuechenmeister.de). Auf der Speisekarte finden sich Gerichte mit regionalen Bioprodukten sowie Wild aus den Landesforsten. Das Restaurant kann auch außerhalb der Öffnungszeiten des Parks sowie unabhängig von einem Aufenthalt im Park besucht werden.

Naturpark Hüttener Berge – der „Kleine Harz" im Norden

Die Hüttener Berge, im Dreieck der Städte Schleswig, Eckernförde und Rendsburg gelegen, wurden bereits 1971 als Naturpark ausgewiesen. Die auch als „Kleiner Harz" bezeichnete hügelige Jungmoränenlandschaft zwischen Schlei und Nord-Ostsee-Kanal verdankt – wie das gesamte Östliche Hügelland in Schleswig-Holstein – ihre Entstehung der letzten Eiszeit. Diese Region ist etwas für stille, erholsame Radtouren und Wanderungen abseits der quirligen Touristenzentren an den Küsten des Landes. Die höchsten Erhebungen sind der bei Ascheffel gelegene Scheelsberg (106 Meter) sowie der Aschberg und der Heidberg (beide knapp 100 Meter), was Kenner der Mittelgebirge – und der Hochgebirge sowieso – nur müde lächeln lässt; allerdings ist zu bedenken, dass es fast auf Meeresspiegelniveau losgeht, wenn man berücksichtigt, dass die Hüttener Berge im Osten beinahe an die Eckernförder Bucht stoßen. Bei manchen Anstiegen wird sich der Radfahrer oder Wanderer jedenfalls in die Mittelgebirgslandschaft versetzt fühlen.

Info

Naturpark Hüttener Berge e. V., Bistenseer Weg 3, 24361 Klein Wittensee, T. 0456 613, info@naturpark-huettenerberge.de, www.naturpark-huettenerberge.de

Tourist-Information Eckernförde, Am Exer 1, 24340 Eckernförde, T. 04351 71790, info@ostseebad-eckernfoerde.de, www.eckernfoerderbucht.de

Anreise

Von den Bahnhöfen in Gettorf, Eckernförde (siehe Radtour) oder Rendsburg kann man per Rad oder Bus in die Hüttener Berge gelangen. Mit dem Auto kann man über die A 7 Hamburg–Flensburg (Abfahrten Rendsburg-Büdelsdorf, Owschlag und Schleswig/Jagel) die Hüttener Berge direkt anfahren und von einem der zahlreichen Wanderparkplätze zu Touren starten.

Schutzgebiet

Der Naturpark Hüttener Berge ist, wie alle Naturparke, vor allem wegen seiner landschaftlichen Reize als solcher ausgewiesen. Er dient primär der Erholung und bietet mit seiner

Die sanft hügelige Landschaft der Hüttener Berge ist dicht mit den für Schleswig-Holstein so typischen Knicks durchzogen.

von Knicks, Reddern und kleinen Gehölzen durchsetzten hügel- und seenreichen Landschaft gute Möglichkeiten für Naturerlebnis und Erholung. Hügel, Seen und Niederungen sind durch die letzte Eiszeit geformt. Auch die Ablagerungen (ziemlich) reiner Quarzsande an einigen Stellen des Naturparks wurden durch eiszeitliche Ausspülvorgänge bewirkt. Bedingt durch diese Ablagerungen, die das Rohmaterial für die Glasherstellung darstellen, konnten sich, zusammen mit dem Waldreichtum, der Holz als Feuerungsmaterial lieferte, in früheren Zeiten Glashütten ansiedeln, die der Ortschaft Hütten und der gesamten Landschaft ihren Namen gegeben haben.

Vom einstigen Waldreichtum ist freilich nicht viel geblieben, sodass der Waldanteil in den Hüttener Bergen heute sogar unter dem Landesdurchschnitt liegt. Der Strukturreichtum der Landschaft, wie man sie vom Aschberg und anderen Aussichtspunkten ganz gut überblicken kann, rührt daher, dass die Landschaft Hütten immer Bauernland war, das über Generationen als Familienbesitz weitervererbt wurde. Es gibt kaum die bis zum Horizont reichenden Äcker, wie sie für die durch Großgrundbesitz geprägten benachbarten Landschaften Schwansens und des Dänischen Wohlds vielfach typisch sind.

Tourmöglichkeiten

Umrundung Bistensee

27 ausgewiesene Rad- und Wandertouren führen durch die Natur- und Kulturlandschaft der Hüttener Berge. Schön ist zum Beispiel eine Umrundung des Bistensees. Die 12 Kilometer lange Tour kann man entweder im Ort Bistensee am Nordufer des Sees oder am Südufer beim Seehotel und Restaurant „Töpferhaus“ beginnen.

Beim Start in Bistensee (Parkplatz im Ort) kann man sich mit Blick auf den See in der „Seeterrasse Bistensee“ stärken, bevor es in Richtung Holzbunge aus dem Ort geht. Am Campingplatz führt der Weg in den Wald, und ein Schild weist hin auf die Stationen des Naturerlebnispfads Ahlefeld-Bistensee, wie Seggen- und Moorwiesen, Röhrichte oder naturnahe Wildgraswiesen.

Durch Wald und über Felder geht es mit teilweise idyllischen Blicken über Extensiv- und Feuchtweiden auf den See zum Südufer, wo einerseits das „Keramik-Café“ mit anliegender Keramik-Werkstatt und andererseits das noble Seehotel und Restaurant „Töpferhaus“ zu einer kulinarischen Rast einladen.

Weiter geht es ein Stück auf dem Radweg der Kreisstraße 1, bis der Weg rechts wieder an den See biegt und man, meist nahe am Wasser wandernd, Röhrichtstreifen, Erlen-Eschenwaldbestände und herrliche alte Rotbuchen passiert. Neben der dominierenden Erle und den Eschen wachsen Schneeball, Faulbaum und

Idyllisch am Südufer des Bistensees gelegen befindet sich das Seehotel und Restaurant „Töpferhaus“.

Bei der Umrundung des Bistensees gibt es immer wieder schöne Ausblicke. Bisweilen kommt man dem Seeufer sehr nahe.

Traubenkirsche am Wegesrand. Das lianenartig rankende Waldgeißblatt, auch als Wald-Heckenkirsche bezeichnet, kann Längen von bis zu 25 Metern erreichen. Spiralige Einschnürringe an manchen Baumstämmen sind meist auf kraftvolle Umrankungen dieser Kletterpflanzenart zurückzuführen. Auch Engelwurz, Buschwindröschen, Blutweiderich, Weidenröschen oder Wasserdost kann man – je nach Jahreszeit – blühend am Wegesrand entdecken. Alsbald erreichen wir dann im Ort Bistensee wieder unseren Ausgangspunkt.

Aschberg

Für eine Wanderung mit einem Aussichtspunkt auf die Landschaft der Hüttener Berge bietet sich der Aschberg an, der mit seiner Höhe von 98 Metern eine der höchsten Erhebungen in den Hüttener Bergen ist. Seit dem Jahr 2013 befindet sich ein etwa 20 Meter hoher Aussichts- und Kletterturm zusammen mit der Globetrotter Lodge und dem „Restaurant Campfire“ auf dem Berg, was die Aussicht auf die Umgebung nochmals deutlich verbessert hat.
Ein guter Startpunkt einer etwa 5 Kilometer langen Wanderung durch das Schoothorster Tal und auf den Aschberg ist der Parkplatz Silberbergen an der L 265 oder direkt am

Parkplatz auf dem Aschberg. Der Wanderweg führt durch den Wald, wo ein 2,5 Kilometer langer Waldlehrpfad diverse Informationen über den Wald und Erläuterungen zu den dort vorkommenden Baumarten liefert, und durch Wiesen und Felder, die durch Knicks und sogenannte Redder begrenzt werden, also Wege, die beiderseits von Hecken eingefasst werden.

Vom Aussichtsturm des Aschbergs können Sie sehr schön das dichte Knicknetz und die mit Waldstückchen und Gehölzgruppen durchsetzte Feld- und Wiesenlandschaft dieser Region erkennen. Bei guter Sicht kann man bis zum Wittensee, zur Schlei und zur Ostsee blicken. Der Abstieg geht dann wieder über die 154 Stufen und nur für geübte und gesicherte Kletterer über die Außenkletterwand hinab.

Rundtour Eckernförde – Wittensee

Eine hübsche Radtour, die „Eiszeittour“ (blaues Schneeflockensymbol), führt über ca. 46 Kilometer vom Bahnhof Eckernförde über Haby an den Wittensee (mit Abstechermöglichkeit an den Bistensee) und über Damendorf und Osterby am Windebyer Noor entlang wieder zurück nach Eckernförde.

In der Globetrotter Lodge auf dem Aschberg finden wir neben einem komfortablen Hotel, hochwertigen Schulungsmöglichkeiten und dem „Restaurant Campfire“ auch den 20 Meter hohen Aussichts- und Kletterturm.

Vom Aussichtsturm auf dem Aschberg kann man den Wittensee und Bistensee sehen, bei freier Sicht lassen sich sogar Kiel, Schleswig und die Ostsee in der Ferne ausmachen.

Einkehrmöglichkeiten

Das „Keramik-Café“ (Am See, Töpferhaus, 24791 Alt Duvenstedt, T. 05338 999225, m.brammerbuhs@googlemail.com) mit Keramik-Werkstatt befindet sich in einem kleinen Reetdachhäuschen (Anno 1764) und besitzt neben einem Pavillon und einer überdachten Terrasse einen gemütlichen, zugewachsenen Garten, in dem man bei schönem Wetter die hausgemachten Kuchen bei einem Becher Kaffee genießen kann.

Für den größeren Hunger bietet sich das nahe Seehotel und Restaurant „Töpferhaus“ (Am See 1, 24791 Alt Duvenstedt, T. 04338 99710, www.toepferhaus.com) an, in dem saisonal wechselnde Gerichte aus regionalen Spitzenprodukten gefertigt werden. Auf der Seeterrasse kann man den Blick weit über den Bistensee schweifen lassen.

Das „Restaurant Campfire“ (Am Aschberg 3, 24358 Ascheffel, T. 04353 99800010, www.globetrotter-lodge.de/restaurant-campfire) in der Globetrotter Lodge auf dem Aschberg bietet vor allem Steak- und Wildgerichte, aber auch Fisch; verarbeitet werden Naturprodukte direkt aus der Region.

Malerische Seen und sanfte Hügel im Naturpark Westensee

Nur wenige andere Gegenden in Schleswig-Holstein verdeutlichen die landschaftsformende Kraft von Gletschern so eindrucksvoll wie der Naturpark Westensee unweit der Landeshauptstadt Kiel. Die Eismassen, die vor mehr als 11 000 Jahren während der sogenannten Weichsel-Kaltzeit große Teile Norddeutschlands bedeckten, haben hier größere und kleinere Seen, Wälle von Endmoränenzügen und beachtliche Hügel gebildet. Der nordwestliche Teil des Westensees sowie der angrenzende Ahrensee und die umliegenden Landbereiche sind als Naturschutzgebiet unter besonderen Schutz gestellt. Durch diese abwechslungsreiche Seenlandschaft mit Flachwasserbereichen, Schilf- und Röhrichtgürteln, die sich mit feuchten Grünlandbereichen und alten Buchenwäldern abwechseln, lässt sich eine schöne Wanderung unternehmen, auf der man die Ruhe und die Natur genießen kann. Doch auch außerhalb des Naturschutzgebiets bieten sich rund um den Westensee viele Gelegenheiten für Ausflüge und Naturerlebnisse.

Info

Naturpark Westensee – Obere Eider e. V., c/o Heinz-Dieter Gröning, Bahnhofstraße 46 a, 24582 Bordesholm, T. 04322 5560210, www.naturpark-westensee-obereider.de

Anreise

Wenn man aus dem Zug am Bahnhof Felde an der Linie Kiel–Rendsburg aussteigt, befindet man sich bereits in unmittelbarer Nähe zum Westensee und dem NSG „Ahrensee und nordöstlicher Westensee“. Wer mit dem Auto anreist, zum Beispiel über die A 210 (Abfahrt Achterwehr-Felde-Westensee), kann ebenfalls in Felde am Bahnhof parken. Mit dem Bus erreicht man Felde und Achterwehr von Kiel oder Rendsburg aus, allerdings zu Ferienzeiten und am Wochenende nur eingeschränkt (Infos unter www.nah-sh.de).

Schutzgebiet

Namensgeber des Naturparks ist der Westensee, mit einer Fläche von etwa 7 Quadratkilometern der größte der 25 Seen in dem Naturpark und der sechstgrößte des Landes. Schleswig-Holsteins längster Fluss, die Eider, durchfließt den Westensee. Ihr von der Nordsee aus schiffbarer Teil wurde im 13. und 14. Jahrhundert von flämischen und holländischen Kaufleuten befahren. Die Waren wurden am Westensee abgeladen und anschließend über den Landweg

Kurz vor Wrohe am Südufer des Westensees hat man einen schönen Blick auf den See und die umliegende Waldlandschaft.

an die Ostseeküste transportiert, wodurch der lange und gefährliche Seeweg um Dänemark herum abgekürzt werden konnte. Von dieser Zeit zeugen heute noch die Reste von Befestigungsanlagen, die am östlichen und westlichen Ufer des Westensees standen.

Im Jahr 1989 wurde der etwa 620 Hektar umfassende Nordostteil des Naturparks Westensee zum NSG „Ahrensee und nordöstlicher Westensee" und zu einem Europäischen Vogelschutzgebiet erklärt. Der Ahrensee ist eine ehemalige Bucht des Westensees, die durch Verlandung abgetrennt wurde. Zum Schutzgebiet werden auch ein Teil des östlich gelegenen Eidertals sowie einige größere Waldgebiete gezählt. Seit 2010 sind der gesamte Westensee und die östliche Eiderniederung als Fauna-Flora-Habitat-Gebiet ausgewiesen.

Wer den Naturpark Westensee besucht, erkennt schnell, warum die unterschiedlichen Schutzzonen durchaus angemessen sind. Es hat sich eine einzigartige Landschaft entwickelt, die durch ihren Abwechslungsreichtum für diverse Pflanzen und Tiere passende Lebensräume bietet. Viele Vogelarten, wie Haubentaucher, Rohrdommel und Teichrohrsänger, nutzen die ausgedehnten Flachwasserzonen und Schilfbereiche bei der Nahrungssuche und zum Brüten.

Der Schierenseebach stellt einen besonders artenreichen Lebensraum dar.

Die Eider ist bei Kanufahrern und Paddlern beliebt.

Zweimal im Jahr, wenn der Vogelzug zu oder von den Winterquartieren im Süden ansteht, ist der Westensee ein beliebter Rastplatz. Ganzjährig lässt sich hin und wieder auch mal ein Eisvogel sehen, und wer besonders viel Glück hat, erspäht vielleicht einen Seeadler, der in den angrenzenden Waldgebieten brütet und auf Nahrungssuche majestätisch über der Landschaft kreist. Wie der Besucher interessiert sich auch der Seeadler besonders für die Fischfauna. Sie umfasst Arten wie Steinbeißer und Ukelei, die in anderen Gegenden bereits selten geworden sind.

Auch die Flora im Naturpark Westensee ist sehr vielfältig und bietet durchaus einige Raritäten wie die Grünblütige Stendelwurz, eine der seltensten Orchideen Deutschlands.

Der ebenfalls in das Naturschutzgebiet einbezogene Schierenseebach verläuft vom Kleinen Schierensee in den Westensee über eine Länge von lediglich 750 Metern. Dennoch bietet er Lebensräume für eine Vielzahl von Fischen, wie Barsch, Plötze oder Ukelei, und für unzählige, zum Teil gefährdete wirbellose Tiere.

Wie in vielen anderen Landesteilen Schleswig-Holsteins zeigen sich auch im Naturpark Westensee negative Auswirkungen auf die Umwelt durch anthropogene Einflüsse. Ein großes Problem, das durchaus die Artenvielfalt gefährdet, besteht darin, dass die Eider durch Eintrag aus der Landwirtschaft einen hohen Nährstoffgehalt aufweist und diesen in den Westensee transportiert. Die Überdüngung kann in schweren Fällen zu Sauerstoffmangel im See führen, was in der Folge die Tier- und Pflanzenpopulationen negativ beeinflusst.

Tourmöglichkeiten

Umrundung Ahrensee

Vom Bahnhof in Felde aus lässt sich eine etwa 8,5 Kilometer lange Wanderung um den Ahrensee unternehmen, auf der man die einzigartige Natur genießen kann.

Wir laufen vom Bahnhof kommend um das nahe gelegene Eiscafé herum und folgen dem Weg parallel zu den Bahnschienen, bis wir die Eider erreichen. Die vor Kurzem neu errichtete Brücke bringt uns auf die andere Seite, und wir erreichen nach wenigen Minuten einen Betonspurweg, dem wir nach rechts folgen. Bei der Infotafel mit Wissenswertem über das Naturschutzgebiet folgen wir dem Wegweiser Richtung Marutendorf. Wir treten aus dem Wald heraus auf die Niederung zwischen Westensee und Ahrensee und folgen dem Trampelpfad durch die Wiesen. Bei schlechter Witterung kann dieser Abschnitt etwas matschig und rutschig werden, weshalb auf entsprechendes Schuhwerk geachtet werden sollte.

Bei der kleinen Brücke, die den Verbindungslauf der beiden Seen überspannt, belehrt eine Infotafel den interessierten Wanderer über ausgewählte Pflanzen und den König des Naturschutzgebiets, den Seeadler. Es gilt also, den Himmel im Auge zu behalten, um mit etwas Glück den majestätischen Vogel zu entdecken.

Wir erreichen einen dichten Buchenwald, den wir, stets den Ahrensee auf der linken Seite im Blick, durchqueren. Nach einigen Minuten Fuß-

Der Ahrensee ist eine ehemalige Bucht des Westensees und mit diesem nur noch über diesen kleinen Bach verbunden.

marsch gelangen wir an eine T-Kreuzung.
Wer genügend Zeit und Puste für eine längere Wanderung mitgebracht hat, kann sich hier rechts halten, das Gut Marutendorf passieren und anschließend durch die Eiderniederung bis zur Landstraße wandern. Wenn man dort nach rechts und bei der nächsten Gelegenheit nach links abbiegt, erreicht man das rechter Hand gelegene Gut Blockshagen bei Mielkendorf, wo es einen Hofladen und ein Café gibt. Dieser „Abstecher" ist insgesamt 12 Kilometer lang.
Um an der T-Kreuzung wieder zurück nach Felde zu gelangen, biegen wir links ab und passieren bergauf die Badestelle am Ahrensee. Wir folgen der Landstraße nach links und können uns an einem grandiosen Ausblick über den linker Hand tiefer gelegenen Ahrensee und den Westensee erfreuen.
In Achterwehr biegen wir nach links in die Poststraße und gelangen bergab auf einen Betonspurweg, von dem wir nach rechts abbiegen und die Eider überqueren, um wieder den Ausgangspunkt der Wanderung zu erreichen.

Die über 700 Jahre alte St.-Catharinen-Kirche ist das Wahrzeichen des Ortes Westensee.

Umrundung Westensee

Wer mit dem Fahrrad angereist ist, dem sei die Umrundung des Westensees empfohlen, die auf 29 Kilometern die ganze Vielfalt des Naturparks Westensee zur Geltung bringt. Dazu fahren wir vom Felder Bahnhof ausgehend durch den Ort hindurch und erreichen kurz darauf den Bossee, eine Seitenbucht des Westensees. In der Ferne ragt der Tüteberg über dem See auf, den wir besteigen können, sobald wir den Ort Westensee erreicht haben. In dessen Mitte steht die aus dem 13. Jahrhundert stammende St.-Catharinen-Kirche, eine gotische Backsteinkirche. Wer sich stärken möchte, dem sei das „Café Zeit" empfohlen.
Wir setzen die Umrundung des Sees fort und radeln, stets den See auf der linken Seite im Blick, die sich windende Straße entlang, bis wir den auf einer Anhöhe gelegenen Ort Wrohe erreichen. Wir folgen der Straße in den Wald und überqueren den Schierenseebach sowie eine Badestelle, bevor Hohenhude erreicht wird. Bei guter Witterung kann man im Ort

Wer sich für die längere Wanderung bis zum Café im Gut Blockshagen entscheidet, passiert das malerisch am Westensee gelegene Gut Marutendorf.

links abbiegen und gelangt nach Überqueren der Eider zum Gut Marutendorf. Ansonsten muss man sich kurz vor der Landstraße links halten und anschließend bei Schönwohld wieder links auf die Allee einbiegen, die einen ebenfalls zum Gut führt.
Wir erreichen die Abzweigung, an der sich entweder der landschaftlich interessantere Weg durch die Niederung am Ahrensee oder die Strecke entlang der Landstraße wählen lässt. Über beide Wege erreichen wir nach kurzer Fahrt und Überqueren der Eider den Ausgangspunkt der Tour, den Felder Bahnhof.

Einkehrmöglichkeiten

Das Café im Gut Blockshagen (Blockshagener Weg 18, 24247 Mielkendorf, T. 04347 8851, www.gutblockshagen.de) serviert dem hungrigen Wanderer hausgemachte Kuchen und Torten sowie tagesabhängig kleine Gerichte. Die Zutaten werden von Erzeugern aus der Region bezogen, die Zubereitung erfolgt glutenfrei. Im Hofladen gibt es frische regionale Produkte zu kaufen.

Im „Café Zeit“ (Dorfstraße 23, 24259 Westensee, T. 04305 681, www.cafezeit-westensee.de) bekommt man große, in Handarbeit gefertigte Tortenstücke. Legendär: die Marzipantorte.

Heidelandschaft am Boxberg im Naturpark Aukrug

Von den sechs Naturparken Schleswig-Holsteins ist der 1971 eingerichtete Naturpark Aukrug, der im Dreieck der Städte Rendsburg, Itzehoe und Neumünster gelegen ist, der einzige, der im Wesentlichen durch die sandige Geestlandschaft aus der vorletzten Eiszeit (Saale-Eiszeit, vor ca. 100 000 Jahren) geprägt ist. Die übrigen Naturparke liegen ganz oder überwiegend in der von der letzten Eiszeit, dem Weichsel-Glazial (vor ca. 13 000 Jahren), geprägten Landschaft des Ostholsteinischen Hügellands. Im Aukruggebiet finden wir neben naturnahen Wäldern, Fluss- und Bachniederungen, Quellgebieten und extensiven Grünländern auch Heiden. Letztere sind ein für Schleswig-Holstein typisches Landschaftselement nicht nur der Küsten, sondern auch trockener und nährstoffarmer, sandiger Standorte des Binnenlands. Noch 1850 waren 17 Prozent der Landesfläche mit Heiden bedeckt. Heute wird der verbliebene Restbestand an Heidelandschaften auf unter 0,5 Prozent der Fläche geschätzt. Einen schönen Eindruck dieses einst so verbreiteten Landschaftselements kann man am zentral im Naturpark Aukrug gelegenen Boxberg bekommen, der ein beliebtes Ausflugsziel der Region ist, nicht nur wegen des schönen Ausblicks, der Rodelmöglichkeiten im Winter, der Wanderwege in ruhiger Landschaft, des Walderlebnispfads und des Spielplatzes, sondern auch wegen der Jogging-, Nordic-Walking- und Fitnessrouten.

Info

Naturschutzring Aukrug e. V., Bargfelder Straße 10, 24613 Aukrug, T. 04873 871466-0, www.naturschutzring-aukrug.de

Anreise

Von den Bahnhöfen in Hohenwestedt und Aukrug kann man zu Radtouren in die Region aufbrechen. Entlang der B 430 gibt es zahlreiche Parkmöglichkeiten, so auch am Boxberg und am gleichnamigen Restaurant.

Schutzgebiet

Die Europäische Union versucht durch das länderübergreifende Schutzgebietssystem NATURA 2000 den Schutz der wild lebenden Tier- und Pflanzenarten und ihrer Lebensräume in der Gemeinschaft zu gewährleisten. Das Gebiet „Wälder des Aukrugs“ ist ein Baustein dieses europäischen Netzwerks. Das NSG „Tönsheider Wald“ nahe der Fachklinik Aukrug gehört mit seinen naturnahen Waldkomplexen ebenso dazu wie die Wälder und Heiden des Boxbergs.

Der kleine Anstieg durch die Heidelandschaft des Boxbergs lohnt sich: Von der Anhöhe hat man einen herrlichen Blick über das Aukruggebiet.

Der 77 Meter hohe Boxberg war noch vor 200 Jahren dicht mit Buchenwald bedeckt, was ihm auch seinen Namen (Booksberg = Buchenberg) eingetragen hat. Nach der Abholzung der Buchen zur Nutzung als Brennmaterial entwickelten sich großflächige Heidegebiete, die in den 1950er-Jahren mit Nadelgehölzen aufgeforstet wurden, sodass nur kleinere Heideareale übrig geblieben sind. Heute bemüht sich vor allem der im gesamten Naturpark aktive Naturschutzring Aukrug e. V. in Zusammenarbeit mit der in Kiel ansässigen Schrobach-Stiftung, den Naturpark und das Boxberg-Gebiet im Sinne des Naturschutzes zu entwickeln. 2007 konnte die Stiftung das Gebiet um den Boxberg für den Naturschutz kaufen, und seither versucht man, eine behutsame Entwicklung zu naturnahen Waldflächen zu fördern. Auch die Erhaltung der Heidegebiete, unter anderem durch eine Beweidung mit Wanderschafen und Ziegen, wird angestrebt. Eine 1,2 Hektar große Waldfläche, die man

beim Besteigen des Boxberggipfels schön überblicken kann, wurde 2013 bei einem Herbststurm umgeworfen. Diese Fläche wird nun mit den noch im Boden vorhandenen Pflanzensamen des einstigen Bewuchses ebenfalls zu Heide entwickelt.
Die Besenheide oder auch Heidekraut (*Calluna*) genannte Pflanze ist die bestandsbildende Charakterart der trockenen Heiden, aber auch Glockenheide, Heidelbeeren, Drahtschmiele und Flechten besiedeln das Areal. Eine natürliche Verbuschung und Bewaldung der Heide durch einfliegende Samen und Aufwuchs von Kiefern, Birken, Zitterpappeln und Eichen sollen die Weidetiere durch ihren Verbiss verhindern.
Heiden sind vor allem auch ein wichtiger Lebensraum für viele wirbellose Tiere, wie Spinnen und Insekten aus den Gruppen der Bienen, Wespen, Käfer, Schwebfliegen, Schmetterlinge und andere. Beim Aufstieg auf den Boxberg erlebt man zur Blütezeit der Heide das Summen und Flattern der zahlreichen Blütenbesucher und ihrer Räuber.
An der Findlingsgruppe auf der Anhöhe des Berges kann man auf den Bänken sitzend den grandiosen Ausblick auf die Naturparklandschaft des Aukruggebiets genießen. Ein dichtes Wegenetz führt durch die umliegenden Wälder des Boxbergs, und Infotafeln informieren über die Lebewelt der Wälder und Heiden. An einer umgefallenen Kiefer, an der die Rinde abgeblättert ist, sind die Spuren der Tierwelt unter der Rinde des Baumes sehr schön zu erkennen: Die Fraßspuren der Borkenkäfer, deren Larven unter der Rinde gelebt haben, sehen aus wie mit einer feinen Feder gezeichnete Schriftzeichen.

Tourmöglichkeiten

Rund um den Boxberg

Neben der Besteigung des Boxbergs gibt es zahlreiche weitere Möglichkeiten, kleinere Wanderungen durch die umliegenden Wälder zu machen. Eine etwa 9 Kilometer lange Wanderung vom Boxberg führt an der B 430 nahe dem ehemaligen Restaurant „Heidehaus“ in den Wald und in einem weiten Bogen vorbei an zahlreichen Fischteichen über Waldhütten durch den Wald wieder an die Bundesstraße zurück.
Teichwirtschaft und Fischzucht haben eine lange Tradition im Aukruggebiet. An den Teichen, kleinen Weihern und Bächen sieht man nicht nur viele Libellen, sondern im Gebiet kommen auch Amphibien wie Moorfrosch, Kamm- und Bergmolch und Knoblauchkröte vor. Eventuell kann man auch mal eine Ringelnatter bei der Jagd an und auf den Gewässern beobachten. Zahlreiche Wasservögel sind ebenso wie Graureiher, Kormoran und Fischadler an den Gewässern auf Nahrungssuche. Mit etwas Glück lassen sich sogar Schwarzspecht, Rotmilan, Seeadler oder Schwarzstorch blicken, die in den Wäldern des Aukrugs heimisch sind.

Rundtour Hohenwestedt – Aukrug

Auch Radfahrer kommen in der Region auf ihre Kosten. Eine schöne, 40 Kilometer lange Tour führt vom Bahnhof in Hohenwestedt über den Boxberg nach Aukrug (dort am Bahnhof auch Start möglich, oder Rückkehr per Bahn) und dann südlich der B 430 über Sarlhusen, Oeschebüttel, Hennstedt und Altenjahn zurück nach Hohenwestedt. Im Altenjahner Kräutergarten von Traute Struve (Altenjahn 4, 24594 Grauel, T. 04871 8103) kann man nicht nur einiges über Kräuter-, Duft-, Apotheker- und Zauberpflanzen lernen, sondern sich auch Anregungen für die eigene Gartengestaltung besorgen.

Einkehrmöglichkeiten

Das Café & Restaurant „Am Boxberg" (Buckerweg 12, 24613 Aukrug, T. 04873 625, www.cafe-restaurant-am-boxberg.de) bietet eine gutbürgerliche deutsche Küche mit saisonalen Spezialitäten wie Spargel oder Grünkohl. Beliebt sind neben den Wildgerichten die Boxbergpfanne mit verschiedenen Fleischsorten, die rustikal in der Pfanne serviert werden, und auch die hausgemachten Kuchen und Torten. Schön ist der Ausblick von der großzügigen Terrasse des am Fuß des Boxbergs gelegenen Restaurants.

Im Altenjahner Kräutergarten sollte man bei einer Radtour eine kleine Rast einlegen, um sich von der Pflanzenvielfalt inspirieren zu lassen.

Plöner See und Naturpark Holsteinische Schweiz

Der Plöner See ist der größte See Schleswig-Holsteins und liegt inmitten des Naturparks Holsteinische Schweiz. Die Stadt Plön liegt nicht nur am gleichnamigen See, sondern ist von diversen weiteren Gewässern malerisch umgeben. Von hier aus gibt es zahlreiche Möglichkeiten, Natur und Kultur der Region kennenzulernen. Neben Rad- und Wandertouren und kleineren Spaziergängen sind auch Bootsfahrten möglich. Außer den Fahrten über den Plöner See starten auch die beliebten 5-Seen-Fahrten in Plön am Restaurant „Fegetasche“ (siehe auch Tour Malente, S. 145–147). Anlaufpunkt für naturkundliche Informationen ist das Naturpark-Haus, das sich im Uhrenhaus auf dem Schlossgebiet befindet, wo auch das 1633–1636 erbaute Plöner Schloss, das Prinzenhaus, die Schlossgärtnerei und das Kulturforum gelegen sind.

Naturpark-Haus (Uhrenhaus)

Die 1745–1750 auf dem Plöner Schlossgebiet erbaute ehemalige Reithalle, die ihren heutigen Namen „Uhrenhaus“ der großen Uhr im Giebel verdankt, beherbergt seit 1998 die Informationsausstellung des Naturparks Holsteinische Schweiz, eine der wichtigsten Tourismusregionen Norddeutschlands. Der 750 Quadratkilometer große Naturpark beeindruckt die Besucher mit seiner eiszeitlich geprägten seenreichen Hügellandschaft.
Beim Betreten der Ausstellung stößt der Besucher gleich auf eine große Eiche, die mit ihrem Geäst inmitten des Hauptraums steht. Den Baum umgebende Eichenklötze dienen als Sitzgelegenheiten, und ausziehbare Holzfächer informieren über die Jahresringe der Eiche, rindenbewohnende Käfer und anderes.
Ein Seeadler sitzt mit seinem Horst im Baum. Er ist einer der eindrucksvollsten Charaktervögel der Region, den man auf Touren durchs Gebiet durchaus zu sehen bekommt, da die Bestände und Bruterfolge dieses Greifvogels sich sehr positiv entwickelt haben.
An diversen Mitmachstationen kann man etwas über die Lebewelt des Bodens, der Gewässer und die eiszeitliche Entstehung der Landschaft erfahren. Der redende Stein, das Naturparktier-Rätsel und der Kanufahrt-Simulator sind Attraktionen, die auch Kinder begeistern. Es gibt zudem zahlreiche umweltpädagogische Angebote sowie Führungen und Vorträge zu naturkundlichen Themen.

Das Uhrenhaus auf dem Plöner Schlossgelände beherbergt eine interaktive naturkundliche Ausstellung über den Naturpark Holsteinische Schweiz.

Info

Naturpark-Haus (Uhrenhaus), Schlossgebiet 9, 24306 Plön, T. 04522 749380, info@naturpark-holsteinische-schweiz.de, www.naturpark-holsteinische-schweiz.de

Große Plöner See-Rundfahrt und Bosau-Fahrt, Plöner Motorschifffahrt GmbH, Fegetasche-Strand 1, 24306 Plön, T. 04522 6766, www.grosseploenersee-rundfahrt.de (Fahrradbeförderung nur mit Bosau-Fahrt)

Anreise

Plön ist gut per Bahn von Kiel oder Lübeck aus zu erreichen; vom Bahnhof liegen das Schlossgebiet und das Uhrenhaus knapp 1 Kilometer Fußmarsch entfernt (ausgeschildert). Parkplätze gibt es an der Ascheberger Straße oder im Parkhaus direkt vor dem Naturpark-Haus.

Schutzgebiet

Das 261 Hektar große NSG „Inseln im Großen Plöner See und Halbinsel Störland“ besteht seit 1992 und gilt als ein wichtiges Brut-, Rast- und Durchzugsgebiet für Wasser- und Ufervögel. Reiher- und Schellenten, Graugänse, Kormorane, Haubentaucher, Rohrweihen und Zwergmöwen brüten oder überwintern in dem landschaftlich reizvollen Areal stiller Buchten und bewaldeter Inseln im Plöner See. Auch der Seeadler lebt im Gebiet und kann mit etwas Glück beobachtet werden. Von der Südspitze der Prinzeninsel aus ist der Blick in den Nordteil des Schutzgebiets möglich; bei einer Radtour um den Plöner See ist zwischen Nehmten und Dersau von der Halbinsel Störland, die zum Schutzgebiet gehört, sehr schön der Südteil zu überschauen.

Eine der kulturellen Attraktionen bei einer Umrundung des Plöner Sees ist die 1151/52 erbaute St.-Petri-Kirche zu Bosau.

Das „Niedersächsische Bauernhaus" liegt auf der Prinzeninsel, die nur wandernd oder radelnd zu erreichen ist.

Tourmöglichkeiten

Plöner See

Eine schöne Tagestour mit dem Rad ist die Umrundung des Plöner Sees (38 Kilometer). Eine Rückkehr per Schiff ist mit der Bosau-Fahrt möglich, die auch Fahrradtransport anbietet (siehe Info).

Prinzeninsel

Eine schöne Wanderung (knapp 3 Kilometer) kann man vom Schlossgelände am Ufer des Plöner Sees auf die Prinzeninsel unternehmen, wobei auch eine Rückfahrt per Schiff möglich ist.
Der Weg geht vom Uhrenhaus zunächst an den See hinab zum Seeuferweg, der an naturkundlichen Informationstafeln und einem Planetenlehrpfad (Motto: „Unser Sonnensystem im Maßstab 1:2 Milliarden") vorbei in den Wald führt.

Den Alten Apfelgarten und dem ehemaligen Kadettenfriedhof passierend erreichen wir die Spitze der Prinzeninsel mit dem sogenannten Lieblingsplatz der Kaiserin, von wo aus man die hübsche Inselwelt im Plöner See überblicken kann.
Mit der Kaiserin ist Auguste Viktoria gemeint, die Gemahlin Wilhelms II., der die noch heute im Besitz des Hauses Preußen befindliche Prinzeninsel 1910 erwarb. Ihre Söhne, die namengebenden Prinzen, erhielten eine landwirtschaftliche Ausbildung im „Niedersächsischen Bauernhaus", das sich neben der Dampferanlegestelle und einem Strandbad mit Kiosk im Südteil der Prinzeninsel befindet.

Einkehrmöglichkeiten
Das „Niedersächsische Bauernhaus" beherbergt ein Restaurant und Café mit Biergarten, das seinen Gästen ein reichhaltiges Angebot an saisonalen Spezialitäten aus der holsteinischen Küche bietet (Große Insel 1, 24306 Plön, T. 04522 508700, www.prinzeninsel-ploen.de).

Bei einer Radtour um den Plöner See kann man vielerorts einen Blick auf das hoch aufragende Plöner Schloss in der Ferne werfen.

Malente mit „WunderWeltWasser" und Seen der Holsteinischen Schweiz

In die sanft hügelige Landschaft der Holsteinischen Schweiz sind zahlreiche Seen eingebettet. Wasser ist in dieser in der letzten Eiszeit geformten Region mit ihren Seen und Flüssen nicht nur ein prägendes Landschaftselement, sondern in der „WunderWeltWasser" in Bad Malente-Gremsmühlen auch das Thema einer Freilandausstellung mit vielen Informationen und Exponaten. Ausgedehnte Rad- und Wandertouren kann man mit verschiedenen Schiffstouren über die Seen kombinieren. Der Klassiker ist die 5-Seen-Fahrt von Malente-Gremsmühlen bis zur Fegetasche in Plön (Einkehrmöglichkeit), vorbei an kleinen Inseln und entlang der waldigen Ufer von Diek-, Langen- und Behler See, um schließlich über die beiden kleinen Seen Höftsee und Edebergsee Plön zu erreichen. Zurück geht es wieder per Schiff, per Bahn oder zu Fuß. Für Kanufreunde und Paddler gibt es viele Möglichkeiten, Natur und Landschaft vom selbst gesteuerten Boot aus zu erleben. Der „Schwentine-Wasserweg" beispielsweise führt vom Eutiner See zum Kellersee und von dort bei Bad Malente-Gremsmühlen über Dieksee und Behler See zum Großen und Kleinen Plöner See, von wo es dann auf der Schwentine über weitere Seen nach Preetz und zur Ostsee bei Kiel geht (Länge ca. 55 Kilometer).

Naturerlebnisraum „WunderWeltWasser"

Der 2007 eröffnete anerkannte Naturerlebnisraum „WunderWeltWasser" liegt in Bad Malente-Gremsmühlen im Mündungsgebiet der Malenter Au in den Kellersee am Ende der Janusallee, wo sich auch ein Anleger der Kellersee-Fahrt befindet. Feste Bohlenwege ermöglichen die Begehung der sumpfigen Areale dieses Feuchtgebiets.
Viele Fotos, Schilder, Informationstafeln und Modelle informieren über das Lebenselixier Wasser und seine Bedeutung sowie über die Feuchtlebensräume und ihre charakteristische Tier- und Pflanzenwelt. Das Modell einer Großlibelle und die Galerie unterschiedlich gefärbter Hinterleiber von Kleinlibellen beeindrucken auch die jüngsten Besucher der „WunderWeltWasser".
Am Eingang begrüßt der Kopf des größten Charaktertiers dieser Wasserlandschaft, des Seeadlers, den Besucher. Später sehen wir bei den Flugsilhouetten verschiedener Greifvögel nochmals den Seeadler, wo man den keilförmigen Schwanz und die breiten, riesigen Flügel gut erkennen kann. Auch kleinere Greifvögel, wie den Sperber mit etwas breiteren Flügeln – im Gegensatz zu den spit-

„Outdoor-Modelle" wie dieses einer Blaugrünen Mosaikjungfer beeindrucken im Gelände die Besucher der „WunderWeltWasser" in Malente.

zeren, schmalen Flügeln des Turmfalken –, lernt man hier anhand ihrer Flugsilhouetten gut zu unterscheiden. Mit etwas Glück kann man einen Bewohner dieses Lebensraums in schnellem, geradem, blau aufblitzendem Flug vorbeisausen sehen: den Eisvogel.
Sumpfdotterblume, Blutweiderich, Sumpf-Vergissmeinnicht, Rohrkolben, Wasserminze und Sumpfiris sind zusammen mit der Roterle typische Pflanzenvertreter dieser feuchten Niederung. In der aufgebauten Totholzwand finden nicht nur Igel, Zauneidechse, Zaunkönig und Spitzmäuse Unterschlupf und Lebensraum, sondern auch viele Kleintiere wie Spinnen, Asseln, Käfer und andere Insekten.
Das Lernen von der Natur, auch als Bionik bezeichnet, ist ebenfalls ein Thema, und die wasserabweisenden und selbstreinigenden Oberflächen der Lotusblume und anderer Pflanzen werden als Beispiel für den sogenannten Lotus-Effekt dargestellt. Diese Eigenschaft der Natur wurde auch auf technische Oberflächen wie Fassadenfarben und Glasoberflächen übertragen.
Aus dem Gebiet der Blütenökologie wird dargestellt, welche Bedeutung Blütenfarben besitzen und welche Farben des Pflanzenreichs die blütenbesuchenden Insekten am besten anlocken.
Das Informationsprogramm wird ergänzt durch Exponate zur Biodiversität der Tagfalter und zur Stabilität

Das Totholz in den Naturwäldern bietet die Lebensgrundlage für verschiedene Organismen wie diesen Birkenporling.

von Pflanzenstängeln sowie eine Kräuterspirale und unterschiedliche Insekten-Nisthilfen.
Auch ein Besuch des Kurparks Malente lohnt sich für Pflanzen- und Gartenfreunde. Der 5,6 Hektar große Park galt nach seiner Fertigstellung Anfang der 1960er-Jahre als einer der schönsten Parks Norddeutschlands und kann eine ganze Reihe interessanter Pflanzen vorweisen. Sumpfzypresse, Flügel- und Schwarznuss, Judasbaum, Sumpfeiche, Duftschneeball und Lorbeerrose seien nur als einige Beispiele aus dem Bereich der Gehölzpflanzen genannt.

Info
Tourismus-Service Malente, Bahnhofstraße 3, 23714 Bad Malente-Gremsmühlen, T. 04523 9590130, touristinfo@bad-malente.de, www.bad-malente.de

5-Seen-Fahrt und Kellersee-Fahrt GmbH, Bahnhofstraße 5, 23714 Bad Malente-Gremsmühlen, T. 04523 2201, www.5-seen-fahrt.de

Anreise
Bahnhöfe in Bad Malente und Plön

Schutzgebiet
Das NSG „Suhrer See und Umgebung" südwestlich von Bad Malente-Gremsmühlen ist Teil des europäischen Schutzgebietssystems NATURA 2000. Der Suhrer See gilt als relativ nährstoffarm, was in den Seen des Landes inzwischen ausgesprochen selten vorkommt. Die Unterwasservegetation ist artenreich. Es gibt hier allein neun Arten von Armleuchteralgen, die in der Regel Indikatoren für gute Wasserverhältnisse sind. Auch das seltene und gefährdete Schneidried mit seinen scharfen Blatträndern kommt vor. Die Bruchwälder mit Erlen, Weiden und Eschen in dem Gebiet sollen sich ebenso wie die dortigen Buchenwälder möglichst natürlich und ohne forstliche Nutzung durch den Menschen entwickeln.

Wie in die Waldlandschaft hineingeworfen sieht der ruhige und abgelegene Ukleisee aus, der zu einer kleinen Rundwanderung einlädt.

Tourmöglichkeiten

Rund um Kellersee und Ukleisee

Den östlich gelegenen Kellersee kann man von Bad Malente-Gremsmühlen aus umwandern (ca. 18 Kilometer) und dies auch mit Bootstouren der Kellersee-Fahrt kombinieren.
Am gegenüberliegenden Ufer bei Sielbeck lohnt sich auch ein Abstecher zum Ukleisee (ca. 5 Kilometer Seeumwanderung), der traumhaft schön in die umgebende Waldlandschaft eingebettet ist – vor allem zur Zeit der herbstlichen Laubfärbung sehr eindrucksvoll.

Diek-, Behler oder Suhrer See bis Fegetasche

Die mehrere Varianten bietende Wanderung entlang der westlich von Malente gelegenen Seen bis zum Anleger Fegetasche in Plön lässt sich gut mit einer 5-Seen-Fahrt kombinieren (siehe Einleitung). Der Name Fegetasche rührt übrigens daher, dass es hier früher eine Zollstation gab, an der den Reisenden die „Taschen leer gefegt“ wurden“.
Hauptwanderroute: Beginnen Sie mit der Wanderung vom Bad Malenter Ortsteil Gremsmühlen aus. An den Südufern von Diek- und Behler See entlang geht es über 12 Kilometer durch schattige Wälder auf ruhigen, von vielen gemütlichen Sitzbänken

gesäumten Uferwegen über Niederkleveez bis zum Anleger Fegetasche in Plön. Gelegentlich rufen einige Möwen, Graugänse oder Enten vom See herüber. Die Tour ist Teil des Fernwanderwegs E 1 und entsprechend gut mit weißen Andreaskreuzen gekennzeichnet.

Variante Suhrer See: Ab Niederkleveez am Ost- und später am Südufer des Suhrer Sees entlang nach Fegetasche weiterwandern (statt am Südufer des Behler Sees). Hierzu biegen wir im Ort links ab und dann Richtung Suhrer See. Vor der kleinen Badestelle geht es den Hang hinauf und über grasbewachsene Feldwege, bis der Weg in den Wald an den See biegt. Hier sind wir im Stiftungswald, also Waldflächen, die im Besitz der Stiftung Naturschutz Schleswig-Holstein sind. Der Wald kann sich natürlich entwickeln, und umgefallene Bäume bleiben liegen – gut für holzbewohnende Pilze und wirbellose Tiere wie die Bock- und Borkenkäfer, denen im Nutzwald oftmals die Existenzmöglichkeiten fehlen. Die schöne Wald- und Uferstrecke endet am Parkplatz an der B 76. Hier müssen wir nun leider das letzte Stück entlang der viel befahrenen Bundesstraße bis nach Plön hinein und zur Fegetasche laufen.

Stille Seeufer findet man vielerorts auf den Rad- und Wandertouren durch die Holsteinische Schweiz.

Variante Nordufer Dieksee: Ab Gremsmühlen auf dem Weg nördlich des Dieksees loswandern. Wir passieren bei Neversfelde den Holzbergturm, von dessen oberer Plattform man in 24 Metern Höhe einen herrlichen Blick über die Holsteinische Schweiz bekommt; bei guter Sicht bis zu den Hochbauten in Kiel. Vorbei an dem Ferienhof Radlandsichten (mit Hofcafé) erreichen wir über Timmdorf (mit „Landgasthof Kasch“) und die Landbrücke zwischen Dieksee und Behler See die Hauptwanderroute an der Südseite der beiden Seen, auf der wir bis Fegetasche weitergehen.

Radtouren

Für Radfahrer gibt es zahlreiche ausgewiesene Tages- und Kurzrouten, aber auch längere Strecken wie die „Holsteinische-Schweiz-Radtour“, ein Fernradweg von 200 Kilometern Länge (Infos unter www.eutin.de).

Bei der beschaulichen Umrundung des Kellersees per Rad kann man sich am Seeufer auch mal eine kleine Pause gönnen.

Einkehrmöglichkeiten

Das Ausflugslokal „Fegetasche“ (Fegetasche 1, 24306 Plön, T. 04522 9051, www.fegetascheploen.de) liegt zwischen dem Plöner See und dem Edebergsee am Anleger der 5-Seen-Fahrt. Die gutbürgerliche Küche bietet vor allem regionale Spezialitäten an.

Im „Landgasthof Kasch“ in Timmdorf an der Landbrücke zwischen Dieksee und Behler See (Dorfstraße 60, 23714 Timmdorf, T. 04523 3383, www.landgasthof-kasch.de) kann man Holsteiner Spezialitäten und Fisch aus den umliegenden Seen und Fleisch aus eigener Gallowayzucht genießen; großes Kuchen- und Tortenangebot.

Das Hofcafé „Bauernstübchen“ beim Ferienhof Radlandsichten bei Bad Malente-Gremsmühlen (Radlandsichten, 23714 Malente, T. 04523 1622, www.radlandsichten.de) lädt zu selbst gebackenen Kuchen und Torten. Anbei: Hofladen, Streicheltiere, Spielplatz, Hochseilgarten und Nordic-Walking-Parcours.

Ratzeburger See und Wakenitz

Der südöstlich von Lübeck gelegene Große Ratzeburger See ist mit einer Fläche von über 12,5 Quadratkilometern einer der größten Seen in Schleswig-Holstein. Der eine Tiefe von bis zu 24 Metern erreichende See ist zum Ende der letzten Eiszeit vor etwa 12 000 Jahren entstanden und liegt im Naturpark Lauenburgische Seen. Entlang des nordöstlichen Ufers verlief früher die deutsch-deutsche-Grenze. Vor allem in diesem Bereich hat sich eine herrliche, naturbelassene Landschaft entwickelt, die als NSG „Ostufer des Großen Ratzeburger Sees“ ausgewiesen ist. Hier schließt sich außerdem das NSG „Steinerne Rinne und Mechower Holz“ an. Aber auch entlang des übrigen Seeufers erwartet den Wanderer eine vielfältige Landschaft, die beste Bedingungen für eine artenreiche Flora und Fauna bietet.
Der Ratzeburger See entwässert über den als Naturschutzgebiet ausgewiesenen Fluss Wakenitz, der vom nördlichen Seeufer bei Rothenhusen bis in die Trave bei Lübeck fließt. Die aufgrund der Lage entlang der ehemaligen innerdeutschen Grenze über weite Teile naturbelassene Wakenitz wird wegen der undurchdringlichen Vegetation entlang der Flussniederung oft auch als „Amazonas des Nordens“ bezeichnet. Am besten ist diese Landschaft mit dem Paddelboot zu erkunden; bequemer ist es mit den Ausflugsschiffen der Lübecker Wakenitz-Schifffahrt. Auch eine Wanderung oder Radtour auf dem annähernd parallel zur Wakenitz verlaufenden „Dräger-Weg“ bietet sich an (ca. 18 Kilometer von Fährhaus Rothenhusen bis Anleger Moltkebrücke in Lübeck).

Info

Eigenbetrieb Kreisforsten Herzogtum Lauenburg, Abt. Naturpark Lauenburgische Seen, Farchauer Weg 7, 23909 Fredeburg, T. 04541 861517, info@naturpark-lauenburgische-seen.de, www.naturpark-lauenburgische-seen.de

Schifffahrt Ratzeburger See, Schlosswiese 6, 23909 Ratzeburg, T. 04541 7900, info@schifffahrt-ratzeburg.de, www.schifffahrt-ratzeburg.de,

Wakenitz-Schifffahrt Quandt, Wakenitzufer 1 c, 23564 Lübeck, T. 0451 793885, www.wakenitzfahrt.de (Anleger: Moltkebrücke, Ecke Moltkestraße/Augustenstraße 30)

Anreise

Mit der Bahn erreicht man den Ratzeburger Bahnhof, der etwa 1,5 Kilometer von der Schlosswiese am Ratzeburger See entfernt ist. Mit dem Pkw kommt man über die B 208 oder die B 207 nach Ratzeburg. Parken kann man entweder am Bahnhof

Die westlich des Stadtzentrums gelegene Schlosswiese am Ratzeburger See ist besonders im Sommer als Liegewiese mit angrenzender Bademöglichkeit beliebt.

oder am Bootsanleger am Rand der Altstadt.

Schutzgebiete

Zum Schutz der Landschaft entlang des Ostufers des Ratzeburger Sees zwischen Rothenhusen und Römnitz wurde das Gebiet bereits 1995 als Naturschutzgebiet ausgewiesen und im Jahr 2000 auf die heutige Größe von 231 Hektar erweitert. Das NSG „Ostufer des Großen Ratzeburger Sees" umfasst die Wasserflächen im Uferbereich mit Verlandungszonen und Schilfgürteln. Landeinwärts schließen sich Bruchwälder, Steilhänge mit Quellbereichen und Tümpel an. Im südlichen Teil sind die beiden Uferwälder Seebruch und Steinort als naturbelassene Mischwälder in das Naturschutzgebiet einbezogen.

Die Wasser- und Uferflächen stellen wichtige Lebensräume und Brutplätze für eine Vielzahl von Wasservögeln dar, und zweimal im Jahr wird das Gebiet von unzähligen Zugvögeln als Rastplatz genutzt.

Bei der Umrundung des Ratzeburger Sees bieten sich dem Wanderer immer wieder tolle Ausblicke über die Wasserfläche und auf das gegenüberliegende Ufer.

Obwohl die Wasserqualität des Ratzeburger Sees in der letzten Zeit abgenommen hat, finden sich hier diverse Fischarten wie die Kleine und Große Maräne als beliebte Speisefische oder auch Hecht und Wels.

Ein weiteres für den Naturschutz in der Region wichtiges Gebiet ist die „Steinerne Rinne", die sich vom Seeufer südlich des Ortes Campow bis zum Ufer des östlich gelegenen Mechower Sees erstreckt. Es handelt sich um eine ausgedehnte Rinnenlandschaft, die nach der letzten Eiszeit entstanden ist. Im Verlauf vieler Tausend Jahre wurde hier feinkörniges Gletschermaterial ausgespült, sodass sich eine Bachschlucht gebildet hat. Sie ist zusammen mit dem sich anschließenden Mechower Holz als Naturschutzgebiet unter besonderen Schutz gestellt. Das Waldgebiet ist nicht nur Lebensraum des gefährdeten Seeadlers, sondern für Kraniche oder den seltenen Mittelspecht, der bevorzugt Wälder mit altem Baumbestand aufsucht. Aufgrund des Vorkommens dieser besonders ruhebedürftigen Tiere darf der Wald von Mitte Juni bis Ende Januar nicht betreten werden.

Die vom nördlichen Ende des Großen Ratzeburger Sees bis in die Trave bei Lübeck fließende Wakenitz gilt als eine der schönsten Flusslandschaften Schleswig-Holsteins. Die fast ausnahmslos naturbelassenen Uferzonen sowie der Fluss selbst wurden 1999 als über 600 Hektar

großes Gebiet unter Naturschutz gestellt. Die Wakenitz wurde bereits vor Jahrhunderten bei Lübeck aufgestaut, sodass sich entlang des Flusslaufs Erlenbruchwälder und Überschwemmungsflächen ausbilden konnten. Diese stellen nun wichtige Lebensräume für bedrohte Tier- und Pflanzenarten dar. So finden sich hier beispielsweise die Sumpf-Schwertlilie, Sumpf-Calla, Wasserprimel sowie Bittersüßer Nachtschatten. Zahlreiche Insekten, Laub- und Moorfrösche, verschiedenste Wasservögel und auch den Fischotter kann man in den angrenzenden Uferbereichen und Röhrichtgürteln beobachten.
An die Bruchwälder und Uferzonen schließen sich in der Flussniederung Feuchtgrünflächen und nährstoffarme Binnendünen sowie Heideflächen und Trockenrasen an, die teilweise zur Erhaltung einer artenreichen Flora und Fauna extensiv beweidet werden.
Die genannten Naturschutzgebiete am Großen Ratzeburger See sind Teil des europaweiten Projekts „Grünes Band", dessen Ziel es ist, die einzigartige Landschaft, die sich über Jahrzehnte entlang des „Eisernen Vorhangs" entwickeln konnte, zu bewahren und zu schützen. Durch eine barrierefreie und zusammenhängende Erhaltung der Lebensräume ist es gefährdeten Tieren möglich, gefahrlos entlang des „Grünen Bandes" zu wandern.

Der Ratzeburger See ist ein beliebtes Sportbootrevier, und man passiert auf der Tour einige Bootsanleger und kleine Bootshäfen.

Tourmöglichkeiten

Umrundung Ratzeburger See

Den Großen Ratzeburger See kann man auf einer gut 27 Kilometer langen Wanderung umrunden, auf der sich die außergewöhnliche Natur erleben lässt. Wer möchte, kann die Tour auch auf dem Fahrrad zurücklegen, allerdings sind einige wenige Wegabschnitte den Wanderern vorbehalten, sodass man als Radler eventuell einen kleinen Umweg fahren muss. Der häufig unmittelbar am Seeufer verlaufende Weg ist außerdem nicht besonders breit und man muss als Radler auf Fußgänger achtgeben. Von Buchholz am West-, Rothenhusen am Nord- und Römnitz am Ostufer des Sees besteht eine Fährverbindung zurück nach Ratzeburg, sodass man auch lediglich ein Teilstück der Tour wandern und anschließend gemütlich mit dem Schiff zurückfahren kann. Darüber hinaus ist eine Fahrradmitnahme möglich.

Der Riesenschachtelhalm, der über einen Meter hoch werden kann, wächst an einigen Feuchtstellen am Ratzeburger See.

Wir starten unsere Tour am Fähranleger der Domstadt Ratzeburg (Schlosswiese) und folgen dem Radweg entlang des Ufers Richtung Westen über den Lüneburger Damm. Durch eine recht hügelige, bewaldete Landschaft passieren wir den Ort Einhaus. Entlang des Weges kann man häufig Bestände des seltenen Riesenschachtelhalms finden, der eine stattliche Höhe von bis zu 120 Zentimetern erreichen kann.

Wir erreichen eine Abzweigung, an der man nach links zu dem steinernen Ansverus-Kreuz gelangt, das im 15. Jahrhundert zu Ehren des Benediktinermönchs Ansverus errichtet wurde, der hier im Jahr 1066 bei einem Slawenaufstand zu Tode kam.

Weiter geht es immer in der Nähe oder unmittelbar am Seeufer, sodass sich immer wieder ein toller Ausblick über den See auf das gegenüberliegende Ufer oder bis nach Ratzeburg ergibt.

Der gut befestigte, aber nicht sehr breite Weg am Großen Ratzeburger See muss von Wanderern und Radfahrern geteilt werden.

Wir passieren Buchholz, wo sich ein Fähranleger befindet, und erreichen kurz darauf das Restaurant „Angelsmühle".
Stets den See im Blick geht es nun vorbei an Pogeez und Groß Sarau, wobei der Weg oft durch Erlenbruchwälder verläuft. Der häufig wechselnde Wasserspiegel in den Wäldern erfordert von den Pflanzen eine besondere Anpassung. Zum einen können Erlen Stelzwurzeln ausbilden, andererseits besitzen sie Wurzelknöllchen, in denen sogenannte symbiontische Bakterien Luftstickstoff binden und für den Baum verfügbar machen. Ein positiver Effekt der Erlenbruchwälder ist, dass Wasser bei Überschwemmungen zurückgehalten und gefiltert wird, wodurch sich die Wasserqualität verbessert.
Entlang des Weges kann man hin und wieder den imposanten Riesenbärenklau sehen, einen Neophyten, dem man nicht zu nah kommen sollte, da dieser phototoxische Substanzen produziert, die zu schweren Hautirritationen führen können.
Wir erreichen Rothenhusen, wo die Wakenitz aus dem Ratzeburger See abfließt. Hier befindet sich auch ein Anleger der Schiffe, die auf der Wakenitz bis nach Lübeck verkehren.
Auf dem Rückweg nach Ratzeburg passieren wir den Ort Utecht mit dem „Café Eisvogel" und gelangen, den Ort Campow durchquerend, zurück an das Seeufer. Hier überqueren wir die „Steinerne Rinne", die Rich-

Die häufig als „Amazonas des Nordens“ bezeichnete Wakenitz lädt zu Paddeltouren ein. Wegen der geringen Strömung ist sie auch für Anfänger gut zu befahren.

tung Osten bis zum Mechower See verläuft. Durch die urwüchsigen, zum Naturschutzgebiet gehörenden Waldgebiete gelangen wir am Ratzeburger See entlang zurück in die Domstadt.

Wer mit dem Fahrrad unterwegs ist und die Tour etwas ausdehnen möchte (insgesamt dann ca. 38 Kilometer), der kann nach halber Umrundung des Sees bei Utecht Richtung Osten abbiegen und erreicht vorbei an den Dörfern Thandorf, Schlagsdorf (mit „Grenzhus“, einem Informationszentrum zur innerdeutschen Grenze, Neubauernweg 1, T. 038875 20326, www.grenzhus.de) und Schlagbrügge den Mechower See. Hier verlässt man das „Grüne Band“ in Richtung Süden und durchquert das NSG „Salemer Moor mit angrenzenden Wäldern und Seen“, eines der ältesten Naturschutzgebiete Schleswig-Holsteins. Es ist Lebensraum für viele seltene Tier- und Pflanzenarten, zum Beispiel Schwarzspecht, Rotbauchunke oder Kreuzotter. Von hier aus gelangt man Richtung Nordwesten zurück nach Ratzeburg.

Dort sollte man bei genügend Zeit auf jeden Fall noch den romanischen Backsteindom besichtigen. Auch das benachbarte A. Paul Weber-Museum (Domhof 5, T. 04541 860720, www.weber-museum.de) und das Ernst Barlach Museum (Am Barlachplatz 3, T. 94541 3789, www.ernst-barlach.de) lohnen einen Besuch.

Einkehrmöglichkeiten

In Ratzeburg sind besonders die Eiscafés bekannt für ihre Kreationen, wie das „Eiscafé Bruhn“ (Königsdamm 3, 23909 Ratzeburg, T. 04541 858827, www.eiscafe-bruhn.de).

Kurz hinter Buchholz passiert man das direkt am See gelegene Restaurant „Angelsmühle“ (Am Campingplatz 1, 23911 Buchholz, T. 04541 858550, office@angelsmuehle.info, www.naturcampingbuchholz.de). Hier kann man verschiedenste Gerichte mit Zutaten aus der Region auf der großen Terrasse genießen, während der Blick über den See schweift. Eine Hausspezialität ist das auf Naturstein gebratene Steak.

In Utecht befindet sich das „Café Eisvogel“ (Campower Straße 7, 19217 Utecht, T. 038875 22076), wo es je nach Wetter auf der Terrasse, im Garten oder drinnen hausgemachten Kuchen und Torten sowie kleinere Gerichte gibt.

Der imposante, im Jahr 1220 vollendete Ratzeburger Dom steht auf einer Halbinsel des Ratzeburger Sees.

Mölln – Naturpark Lauenburgische Seen und Hellbachtal

Im Südosten des Landes finden wir zwischen der Grenze zu Mecklenburg-Vorpommern und dem Elbe-Lübeck-Kanal im Bereich der beiden Städte Ratzeburg und Mölln den ältesten der sechs Naturparke Schleswig-Holsteins, den 1961 gegründeten Naturpark Lauenburgische Seen. Die reizvolle, hügelige und abwechslungsreiche Landschaft mit 40 Seen, ausgedehnten Wäldern, Knicks und weiteren Lebensräumen wie Feuchtwiesen, Mooren, Heiden und Trockenrasen ist durch die letzte Eiszeit geformt und beherbergt eine interessante und vielfältige Tier- und Pflanzenwelt.
In Mölln befindet sich das Naturparkzentrum Uhlenkolk mit einer kleinen Ausstellung und dem anliegenden Wildpark sowie einem reichhaltigen Angebot an Umweltbildungsveranstaltungen. Von hier gibt es – wie im ganzen Naturpark – ein dichtes Netz an ausgewiesenen Rad- und Wanderstrecken. Eine schöne Wanderung führt entlang der Möllner Seen ins abgelegene, ruhige Hellbachtal.

Naturparkzentrum Uhlenkolk und Wildpark

Im Gebäude des Naturparkzentrums Uhlenkolk in Mölln befinden sich neben der Integrierten Station Lauenburgische Landschaften und der Unteren Forstbehörde auch die Kreis-Arbeitsgemeinschaft Naturschutz, zu der BUND, NABU und WWF gehören, sowie das „Waldhallen-Café Uhlenkolk“ und eine Informationsausstellung.
Neben Informationen zum Naturpark, einem Überflutungsmodell, bei dem ein Auwald, ein Flussbett, Tümpel und Wiesen durch Besucheraktion überflutet werden können, gibt es Tafeln zu wichtigen Lebensräumen und ihrer Organismenwelt, zum Beispiel den Seen, wie dem nahen Lüttauer See und dem Schmalsee, oder den Bächen, wie dem Hellbach und der Pinnau.
Im 20 Hektar großen Wildpark können Kinder ihre Streicheleinheiten verteilen, beispielsweise im Ziegengehege oder bei den Kaninchen und Meerschweinchen. In anderen, zum Teil zugänglichen Großgehegen kann man Damwild, Rotwild und Wildschweine beobachten, ebenso wie Kolkraben und verschiedene Greifvögel, unter anderem Uhu, Waldohreule, Stein- und Waldkauz und Turmfalke in ihren Volieren. Interessant sind die pelzigen Neubürger unserer Fauna, sogenannte Neozoen, wie Mink, Waschbär und Marderhund, von denen man schon viel gehört hat, die man aber bislang wegen

Das Naturparkzentrum Uhlenkolk ist ein guter Ausgangspunkt für einen Besuch des Wildparks sowie zu Touren durch das Gebiet der Lauenburgischen Seen.

ihrer nächtlichen Lebensweise kaum je selbst lebend zu Gesicht bekommen hat.
Auch das Aquarium mit den Fischen der Möllner Seen, der Findlingsgarten und der Grundlose Kolk, ein eiszeitlicher Toteissee, gehören zum Besichtigungsprogramm. Am Grundlosen Kolk kann man Wollgras, Fieberklee, Bleichmoose und interessante Libellen beobachten. Auf dem dortigen Fledermauslehrpfad des NABU wird über die hier vorkommenden nachtaktiven Flattertiere wie Großer Abendsegler, Breitflügelfledermaus, Zwerg- und Wasserfledermaus und andere informiert.

Info

Naturparkzentrum Uhlenkolk, Waldhallenweg 11, 23879 Mölln, T. 04542 803345, uhlenkolk@stadt-moelln.de, www.uhlenkolk-moelln.de

Naturparkverwaltung, Eigenbetrieb Kreisforsten, Herzogtum Lauenburg, Abt. NP Lauenburgische Seen, Farchauer Weg 7, 23909 Fredeburg, T. 04541 861517, info@naturpark-lauenburgische-seen.de, www.naturpark-lauenburgische-seen.de

Der Schmalsee ist malerisch in die Waldlandschaft eingebettet.

Für die Erkundung der Seen kann man sich an der Pinnau ein Boot ausleihen.

Anreise

Vom Bahnhof Mölln bis zum Uhlenkolk ist es ein etwa 20-minütiger Fußweg, oder man fährt mit dem Fahrrad. Mit dem Pkw nimmt man von der B 207 die Ausfahrt Mölln Nord und folgt den Schildern Uhlenkolk. Ein Parkplatz liegt direkt am Ausstellungshaus.

Schutzgebiet

Das 1987 ausgewiesene NSG „Hellbachtal mit Lottsee, Krebssee und Schwarzsee" gehört wegen seiner großen Arten- und Strukturvielfalt als Fauna-Flora-Habitat-Gebiet auch zum europäischen Schutzgebietsnetz NATURA 2000. Der heute weitgehend naturnahe Verlauf des Hellbachs beruht zum Teil auf Regenerationsmaßnahmen, die nach der Unterschutzstellung durchgeführt wurden. Die angrenzenden Bruchwälder, Feuchtwiesen, Gehölzgruppen, Moore und Kleingewässer bedingen eine besondere Vielfalt der Lebensräume, die eine entsprechende Vielfalt der Tier- und Pflanzenarten nach sich zieht. Orchideen wie das Breitblättrige Knabenkraut, Fieberklee, Sumpf-Porst, Rauschbeere, Sumpf-Calla und andere blühen im Gebiet, viele Libellenarten leben hier, ebenso wie Schwarzstorch, Kranich, Fischadler und Eisvogel.
Der Schwarzsee und vor allem der Lottsee gelten als besonders nährstoffarme Gewässer mit einer daran angepassten Flora und Fauna. Solche nährstoffarmen Gewässer sind bei der starken Überdüngung (Eutrophierung) vieler Wasser- und Land-Lebensräume heute zu einer Rarität geworden und bedürfen des besonderen Schutzes.

Tourmöglichkeiten

Rundtour Hellbachtal

Von den vielen Wandermöglichkeiten um Mölln herum nehmen wir uns die entlang der Möllner Seen zum Hellbachtal führende Strecke vor, die mit fast 20 Kilometern zwar recht lang, aber eindrucksvoll ist. Man kann bis auf einige Treppen-Anstiege und sandige, matschige oder wurzelige Wegabschnitte die Strecke auch mit dem Rad zurücklegen. Abkürzungen sind möglich, wenn man bereits an den Südufern von Schmal-, Lüttauer oder Drüsensee die Brücken über die Wasserverbindungen dieser Seenkette nutzt, um am anderen Ufer nach Mölln zurückzukehren. Dann würde man sich aber das schöne Naturerlebnis Hellbachtal entgehen lassen.

Vom Naturparkzentrum Uhlenkolk verlassen wir den Parkplatz nach links auf den Waldhallenweg, der uns zum Restaurant und Hotel „Waldhalle“ führt. Kurz vorher geht es hinab zum Seeufer des Schmalsees, an dem wir nach links die Brücke über die Pinnau nehmen, wo sich auch eine kleine Bootsvermietung befindet. Nach Norden setzt sich die Seenkette über Hegesee, Schulsee, Stadtsee und Ziegelsee bis zum Elbe-Lübeck-Kanal fort.

Wir bleiben am Schmalsee und genießen den schönen unverbauten Uferweg, der sich auch am sich anschließenden Lüttauer See fortsetzt.

Am Südufer dieses Sees nehmen wir am Campingplatz die Straßenunter-

Ein Stück Wildnis in Schleswig-Holstein: Der Hellbach schlängelt sich durch das gleichnamige Tal.

führung und wandern nun oberhalb des Drüsensees entlang, bis es rechts durch den Wald am Nordufer entlang ins Hellbachtal geht. Genießen Sie die Ruhe und den Blick über das Tal, wo nirgendwo Windräder, Hochhäuser oder Brücken die Szenerie überragen. Kein Autolärm oder sonstige Maschinengeräusche stören die Ruhe; lediglich der Wind in den Blättern der Bäume und das gelegentliche Rufen der Kolkraben, Rabenkrähen oder Kraniche ist zu vernehmen.
Vorbei am Lottsee, eventuell mit einem kurzen Abstecher an den Krebssee und einem Blick auf den idyllischen Schwarzsee, überqueren wir den Hellbach, wobei es an der Überquerung etwas feucht und matschig werden kann, und begeben uns auf der anderen Seite des Tales wieder entlang der Seeuferwege – ebenso reizvoll wie auf dem Hinweg – von Drüsensee, Lüttauer See und Schmalsee an den Westufern zurück zum Uhlenkolk.

Alte Salzstraße

Es gibt für Radfahrer zahlreiche ausgearbeitete thematische Touren im Gebiet der Lauenburgischen Seen. Von Mölln aus kann man sich auf den Fernradweg „Alte Salzstraße" begeben, der auf einer Strecke von 116 Kilometern von Lüneburg über Lauenburg am Elbe-Lübeck-Kanal entlang bis Lübeck und Travemünde führt. Er folgt den Spuren alter Handelswege des Salztransports, und der Radler kann am Kanal in ruhiger Fahrt, vom Autoverkehr unbehelligt, auf den alten Treidelwegen der Kanalschifffahrt gemütlich entlangfahren.
Bei einer Fahrt in Richtung Norden ist die Rückkehr von den Bahnhöfen Lübeck und Travemünde möglich, in Richtung Süden von Büchen, Lauenburg oder Lüneburg, deren Bahnhöfe alle nahe der Fernradstrecke liegen (Infos unter www.hlms.de).

Die seltene, auch als Drachenwurz bezeichnete Sumpf-Calla gehört zu den Aronstabgewächsen und bevorzugt nasse und sumpfige Lebensräume.

Der Schwarzsee ist ein nährstoffarmer Braunwassersee, dessen verlandende Uferbereiche auf eine allmähliche Entwicklung zu einem Hochmoor hinweisen.

Einkehrmöglichkeiten

Das „Waldhallen-Café Uhlenkolk“ (Waldhallenweg, 23879 Mölln, T. 04542 8279861) liegt direkt an der Ausstellung des Naturparkzentrums und bietet neben Kaffee, Kuchen und Eis auch einige kleinere Gerichte. Bei schönem Wetter sitzt man draußen auf der Terrasse.

Das Restaurant und Hotel „Waldhalle“ (Waldhallenweg, 23879 Mölln, T. 04542 85880, www.waldhalle.de), das auch das „Waldhallen-Café Uhlenkolk“betreibt, verwendet im Wesentlichen regionale und saisonale Frischprodukte, wie zum Beispiel Wild aus den umliegenden Wäldern und Fische wie die Große Maräne aus dem Ratzeburger See oder dem Schaalsee. Der grandiose Terrassenblick auf den Schmalsee lohnt allein schon einen Besuch der „Waldhalle“.

Schmetterlingsgarten Friedrichsruh, Sachsenwald und Billetal

Inmitten von Schleswig-Holsteins größtem Waldgebiet, dem Sachsenwald, gibt es im Garten der Schmetterlinge die Möglichkeit, sich in die Welt der Tropen versetzen zu lassen. In Friedrichsruh findet sich diese kleine Ausstellung mit Tropenhaus und umgebenden Gartenarealen, in der man neben Schmetterlingen aus den warmen Regionen der Erde auch weitere Tiere beobachten kann und interessante Fakten zu den Schuppenflüglern, wie die Schmetterlinge wissenschaftlich eingruppiert werden, bekommt. Verbunden mit einem Spaziergang durch das weite Netz an Waldwanderwegen im Sachsenwald und im an seinem östlichen Rand gelegenen Billetal ist der Garten ein schönes, nahe Hamburg gelegenes Ausflugsziel für einen erlebnisreichen Tag.

Garten der Schmetterlinge

Mittelpunkt und Hauptattraktion des Gartens der Schmetterlinge ist das Tropenhaus, in dem bis zu 1000 exotische Schmetterlinge zwischen den Besuchern umhermanövrieren und ihren Weg von Blüte zu Blüte oder zu den als Nahrungsquelle ausliegenden Früchten suchen.
Da ist zum Beispiel der Blaue Morphofalter, der im Flug seine eindrucksvolle metallisch-blaue Oberfläche zeigt, aber – wenn er dann gelandet ist und die Flügel über dem Körper zusammengelegt hat – nur noch seine tarnfarbene braune Flügelunterseite zeigt (Foto S. 164 unten). Der Beobachter denkt, der hübsche blaue Falter wäre plötzlich am Boden oder im Blattwerk verschwunden. Da gibt es die Weiße Baumnymphe mit ihrem gleitenden Segelflug, den Grünen Schwalbenschwanz mit seinen bizarr verlängerten Hinterflügelenden, die an eine Rauchschwalbe erinnern, oder den Bananenfalter mit seiner fast perfekten Imitation von Augenstrukturen auf den Flügeln – ein verbreiteter Trick in der Natur, um Fressfeinde abzuschrecken oder zumindest zu irritieren. Der Postmann, ein schwarzer Falter mit auffallenden roten und weißen Flügelstreifen, beeindruckt die Besucher ebenso wie der Atlasspinner, mit einer Flügelfläche von 400 Quadratzentimetern der größte Falter der Erde, oder der Waldgeist mit seinen gläsernen durchsichtigen Flügeln – ebenfalls ein Trick, um von Fressfeinden in der Vegetation nicht entdeckt zu werden.
In Glasvitrinen kann man die Puppen der Falter sehen und den Schlüpfvorgang aus den Puppenkokons beobachten. So lernt man einiges über die Metamorphose, also die

Exotische, frei fliegende Schmetterlinge, interessante Blütenpflanzen und tropische Temperaturen erlebt der Besucher im Schmetterlingsgarten Friedrichsruh.

Verwandlung im Tierreich, die bei den Schmetterlingen stets den Weg vom Ei über die gefräßige Raupe, das Puppenstadium und das erwachsene Tier (die Imago) geht, die in diesem Fall der Falter ist, der wieder Eier im Boden oder in der Vegetation ablegt – womit der Kreislauf geschlossen ist.

Kleine Wachteln rennen am Boden entlang, Vogelspinnen sind in Terrarien zu bestaunen, ebenso wie Stabheuschrecken, die man erst auf den zweiten Blick entdeckt, weil sie zur Tarnung wie vertrocknete Zweige aussehen und sich ausgesprochen langsam bewegen. Im anliegenden Bambushaus stehen dicke Halme dieses verholzenden Grases, dessen eindrucksvolle Stabilität bei gleichzeitiger Elastizität jeder kennt, der bedeutend dünnere Stäbe zur Stabilisierung und Stütze von Pflanzen im Garten einsetzt. Plätscherndes Fließwasser, aufsteigende Nebel und Spiegel, an denen das Wasser herabläuft, vermitteln eine ganz eigene, entspannende Stimmung im Bambushaus.

Im Außengelände kann man einen Abstecher zu der idyllischen Schlossinsel im Schlossteich machen oder dem Gartengelände einen Besuch abstatten. An den Blütenpflanzen, vor allem am Sommerflieder (*Buddleja*), der auch als Schmetterlingsstrauch bezeichnet wird, kann man einige der heimischen Schmetterlinge wie Tagpfauenauge, Admiral, Kleinen Fuchs und Distelfalter beobachten. Am Teich lassen sich Frösche

Bis zu 1000 exotische Schmetterlinge kann man in Friedrichsruh bestaunen, darunter die schlicht schwarz-weiß gefärbte Weiße Baumnymphe.

und Insekten, wie zum Beispiel Libellen, beobachten, deren Metamorphose vom Ei über wasserlebende Larven und ein Puppenstadium zur erwachsenen Libelle führt. Die verlassenen Puppenhüllen, aus denen die erwachsenen Libellen geschlüpft sind (sogenannte Exuvien), kann man bisweilen an der Vegetation hängend am Teichufer entdecken. Nach einem Besuch des Hauses der Bäume, in dem die Waldvögel und die wichtigsten Baumarten des Waldes mit ihrer Rinde, den Blättern oder Nadeln, den Blüten und Früchten sowie weiteren Details porträtiert werden, wartet das „Café Vanessa" mit kleineren herzhaften Speisen, Kaffee, Kuchen und Eis zur Stärkung auf uns.

Info

Garten der Schmetterlinge,
Am Schlossteich 8, 21521
Friedrichsruh, T. 04104 6037,
info@gartenderschmetterlinge.de,
www.gartenderschmetterlinge.de

Anreise

Mit der S-Bahn-Linie 21 kann man von Hamburg die Station Friedrichsruh nehmen oder, verbunden mit einem kleinen 15-Minuten-Fußmarsch durch den Sachsenwald (Ausschilderung zum Schmetterlingsgarten), die Station Aumühle. Mit dem Auto erreicht man Friedrichsruh über die A 24, A 25 oder B 404. Parkplätze befinden sich am Ausstellungsgelände.

Der Blaue Morphofalter besitzt metallisch-blaue Flügeloberseiten, während die mit Augenstrukturen versehene Unterseite tarnfarbenbraun gestaltet ist.

Das Bambushaus des Gartens der Schmetterlinge vermittelt mit plätscherndem Fließwasser eine ganz eigene, entspannende Stimmung.

Schutzgebiet

Im NSG „Billetal" am östlichen Rand des Sachsenwalds finden wir mit der Bille ein weitgehend naturnah erhaltenes Gewässer mit schnell und langsam fließenden Bachabschnitten, sodass vielerorts die typischen Prall- und Gleithänge mäandrierender Fließgewässer zu finden sind. Das 1987 ausgewiesene Naturschutzgebiet, das auch zum europäischen Schutzgebietssystem NATURA 2000 gehört, beherbergt unter anderem seltene und gefährdete Fischarten wie Elritze, Äsche, Bachforelle und Mühlkoppe. Verschiedene Quellareale und naturnahe Au-, Bruch- und Sumpfwälder sowie Feuchtwiesen, Seggenriede, Röhrichte und Kleingewässer gehören dazu. Das NSG „Billetal" hat neben dem Schutz der Fischfauna auch eine große Bedeutung für den Schutz von Vögeln, Muscheln und fließgewässertypischen Insekten. 80 Vogelarten, über 20 Fischarten, 330 Farn- und Blütenpflanzen und mehr als 170 holzbewohnende Pilzarten, die im Gebiet nachgewiesen wurden, zeigen beispielhaft die hohe ökologische Bedeutung des Billetals.

Tourmöglichkeiten

Billetal

Ausgehend vom Schmetterlingsgarten erschließt sich eine fast unerschöpfliche Anzahl an Wandermöglichkeiten über das ausgedehnte Wegenetz im Sachsenwald. Besonders empfehlenswert ist es, zur am westlichen Waldrand gelegenen Bille und an ihr entlang zu wandern. Für diese kleine, 5,5 Kilometer lange Tour folgen wir dem Schotterweg, der am Schmetterlingsgarten beginnt, in Richtung Wald. Wir folgen dem Weg über eine Brücke und anschließend auf einen Trampelpfad, der dem linker Hand in einer Niederung gelegenen Flüsschen folgt. Bei schlechter Witterung kann dieser Weg etwas nass und rutschig werden, sodass man dann eher den Hauptwegen folgen sollte. Wir überqueren

Heimische Schmetterlinge wie diesen Kleinen Fuchs auf einer Sommerfliederblüte kann man im Park des Gartens der Schmetterlinge beobachten.

Rad- und Wandertouren durch den Sachsenwald führen auch vorbei an alten Wind- und Wassermühlen.

einen der Hauptwege und biegen anschließend an der nächsten Möglichkeit nach rechts ab.

Wer etwas mehr Zeit mitgebracht hat, kann von hier aus die Tour im Prinzip beliebig lang ausdehnen und in einem größeren Bogen zur Bille wandern. Wir biegen nun allerdings bereits an der nächsten Möglichkeit links ab und folgen dem Weg, bis wir wieder das Billetal erreichen. Der Trampelpfad nach links folgt dem sich windenden Flussverlauf und führt unmittelbar am Ufer entlang. Wir verlassen den Wald in Aumühle an der alten Wassermühle, die heute das Restaurant „Fürst Bismarck Mühle“ beherbergt, und gelangen, dem Weg nach links Richtung Friedrichsruh folgend, wieder zurück zum Schmetterlingsgarten.

Einkehrmöglichkeiten

Das „Café Vanessa" im Garten der Schmetterlinge (Adresse siehe Info) – übrigens benannt nach der Schmetterlingsgattung Vanessa, zu der etwa der Admiral (*Vanessa atalanta*) und der Distelfalter (*Vanessa cardui*) gehören – bietet herzhafte und süße Speisen in großer Auswahl. Man sitzt gemütlich auf der Terrasse oder im singenden Garten zwischen Bambus und Kamelienpflanzen und sieht den großen Kois beim Schwimmen im kleinen Teich zu, während das über Steine fließende Wasser über eine Bambuswippe gelegentlich herabhängendes Glockengeläut auslöst und den Kaffeegenuss mit meditativen Klängen untermalt.

Im Ort Friedrichsruh befindet sich das „Forsthaus Friedrichsruh" (Ödendorfer Weg 5, 21521 Friedrichsruh, T. 04104 6992899, www.forsthausfriedrichsruh.de), das verschiedene vegetarische sowie Fisch- und Fleischgerichte und hausgemachte Kuchen im Angebot hat.

Die Bille fließt über 65 Kilometer durch Schleswig-Holstein und Hamburg, bevor sie in die Unterelbe mündet.

Literaturhinweise

Berndt, R. K. (Bearb.) (2002): Vogelwelt Schleswig-Holsteins Band 5: Brutvogelatlas. Wachholtz Verlag, Neumünster, 464 S.

Borkenhagen, P. (2011): Die Säugetiere Schleswig-Holsteins. Husum Druck- und Verlagsgesellschaft, Husum, 664 S.

Bruens, A., Drews, A., Haacks, M, Röbbelen, F., Voss, K. & Winkler, C. (2015): Die Libellen Schleswig-Holsteins. Natur & Text Verlag, Rangsdorf, 542 S.

Deutscher Verband für Landschaftspflege (DVL) & Stiftung Naturschutz Schleswig-Holstein (Hrsg.) (2011): Wilde Weiden zwischen Nord- und Ostsee – Ein Naturführer. Husum Druck- und Verlagsgesellschaft, Husum, 256 S.

Heeschen, G. (2015): Die geheime Welt der Wälder. einzigARTig – Naturführer durch Schleswig-Holstein Band 4. Wachholtz Verlag, Kiel, 261 S.

Heydemann, B. (1997): Neuer Biologischer Atlas – Ökologie für Schleswig-Holstein und Hamburg. Wachholtz Verlag, Neumünster, 591 S.

Klinge, A. & Winkler, C. (Bearb) (2005): Atlas der Amphibien und Reptilien Schleswig-Holsteins. Landesamt für Natur und Umwelt des Landes Schleswig-Holstein, Flintbek, 277 S.

Kolligs, D. (2003): Schmetterlinge Schleswig-Holsteins. Atlas der Tagfalter, Dickkopffalter und Widderchen. Wachholtz Verlag, Neumünster, 212 S.

Köster, P. & Jung, J. (2011): Natur erleben – Erlebnisführer Naturlandschaften Schleswig-Holstein und Hamburg. Klartext, Essen, 232 S.

Landesamt für Landwirtschaft, Umwelt und ländliche Räume des Landes Schleswig-Holstein (Hrsg.) (2008): einzigARTig. Naturführer durch Schleswig-Holstein Band 1, Wachholtz Verlag, Neumünster, 247 S.

Landesamt für Landwirtschaft, Umwelt und ländliche Räume des Landes Schleswig-Holstein (Hrsg.) (2009): einzigARTig. Naturführer durch Schleswig-Holstein Band 2, Wachholtz Verlag, Neumünster, 256 S.

Landesamt für Landwirtschaft, Umwelt und ländliche Räume des Landes Schleswig-Holstein (Hrsg.) (2012): einzigARTig. Naturführer durch Schleswig-Holstein Band 3, Wachholtz Verlag, Neumünster, 240 S.

Pollmann, B. (2013): Ostseeküste Schleswig-Holstein. Rother Wanderführer. Bergverlag Rother, München, 160 S.

Raabe, E. W., Dierßen, K. & Mierwald, U. (Hrsg.) (1987): Atlas der Flora Schleswig-Holsteins. Wachholtz Verlag, Neumünster, 654 S.

Reinke, H.-D., Hugenbusch, D. & Hugenbusch, D. (2015): Schleswig-Holstein – Die schönsten Radtouren. Ellert & Richter Verlag, Hamburg, 240 S. (2. Auflage)

Reinke, H.-D. & Hugenbusch, D. (2016): Schleswig-Holstein, Nordseeküste, Ausflüge in die Natur. Ellert & Richter Verlag, Hamburg, 144 S.

Rudolph, F. (2015): Naturführer Ostsee, Tiere – Pflanzen – Steine. Wachholtz Murmann Publishers, Kiel, 159 S.

Schories, D. & Wilhelmsen, U. (2012): Die Ostsee. Kosmos, Stuttgart, 126 S.

Sh:z (2012) (Hrsg.): 1000 Tipps für einen schönen Tag in Schleswig-Holstein. Ellert & Richter Verlag, Hamburg, 290 S.

Sh:z (Hrsg.) (2017): Schleswig-Holstein zu Fuß – Die 25 schönsten Wanderungen an und zwischen den Meeren. Ellert & Richter Verlag, Hamburg, 192 S.

Thiessen, H. (2010): Wildnis in Schleswig-Holstein. Landesamt für Landwirtschaft, Umwelt und ländliche Räume des Landes Schleswig-Holstein, Flintbek, 111 S.

Für die Bestimmung und Einordnung von Tieren, Pflanzen, Spuren und sonstige Strandbeobachtungen gut geeignet sind:

www.beachexplorer.org
www.balticexplorer.org

Beide können mit der entsprechenden App auch auf dem Smartphone genutzt werden; die Meldung interessanter Strandfunde ist möglich.

Register

Impressum

Bildnachweis

Alle Fotos Hans-Dieter Reinke und Daniel Hugenbusch, außer:

Fotolia: Cover u. l. (O.M.) + u. r. (Visions AD), 8/9 (Jürgen Wackenhut), 45 (Wilm Ihlenfeld), 59 (Jürgen Wackenhut), 61 (Dagmar Richardt), 91 (Uwe Lüttjohann), 92/93 (embeki); Huber-images/Gräfenhain: Cover o.; Noctalis, Bad Segeberg: 96 (Jeroen van der Kooij); LTM: 154; Wikimedia Commons: 102, 105; CC-BY-SA 2.0: 118 li. (Johann-Nikolaus Andreae); CC-BY-SA 3.0: 14 (Rüdiger Kratz), 53, 71 (Holger.Ellgaard), 100 (Domoflash53), 103 (Stephan Ernst), 113 (U. Sonnenberg), 116 + 117 (Nightflyer), 126 (Jörg Braukmann), 146 (Wusel007), 155 (C.J.N.L. Kyll); CC-BY-SA 4.0: 27 (Jörg Braukmann), 47 (Siegbert Brey), 161 (Freigeist2016)

Alle Angaben in diesem Reiseführer sind gewissenhaft geprüft. Telefonnummern, Internetadressen etc. können sich aber schnell ändern. Daher können Autoren und Verlag keine Gewähr für die Richtigkeit übernehmen. Für Berichtigungen und Ergänzungsvorschläge sind wir dankbar. Bitte senden Sie diese an:
Ellert & Richter Verlag, Große Brunnenstraße 116–120, 22763 Hamburg, info@ellert-richter.de

Bibliografische Information der Deutschen Nationalbibliothek

Die Deutsche Nationalbibliothek verzeichnet diese Publikation in der Deutschen Nationalbibliografie; detaillierte bibliografische Daten sind im Internet über http://dnb.d-nb.de abrufbar.

ISBN 978-3-8319-0680-2

Lektorat: Annette Krüger, Hamburg
Gestaltung: BrücknerAping, Büro für Gestaltung GbR, Bremen
Karten: THAMM Publishing & Service, Bosau
Gesamtherstellung: CPI books GmbH, Leck

www.ellert-richter.de
www.facebook.com/EllertRichter-Verlag